Preparación para las evaluaciones de Texas

Grado 5

TEXAS
SENDEROS

TEXAS
FUENTE DE
ESCRITURA

HOUGHTON MIFFLIN HARCOURT

Excerpt from *Bonesy and Isabel* by Michael J. Rosen, illustrated by James Ransome. Text copyright © 1995 by Michael J. Rosen. Illustrations copyright © 1995 by James Ransome. Reprinted by permission of Houghton Mifflin Harcourt Publishing Company.

Excerpt from "The Braille Cell" from *Out of Darkness: The Story of Louis Braille* by Russell Freedman. Text copyright © 1997 by Russell Freedman. Reprinted by permission of Houghton Mifflin Harcourt Publishing Company.

"Collecting Stardust" by John C. Waugh from *Cricket Magazine*, October 2009, Volume 37, Number 2. Text copyright © 1998 by John C. Waugh. Reprinted by permission of Carus Publishing Company.

Excerpt from *Mae Jemison* by Elizabeth Raum. Copyright © 2006 by Heinemann Library. Reprinted by permission of Heinemann-Raintree Library.

Excerpt from "Something in the Elephants' Silence" by Katy Payne from *Secrets of Sound* by April Pulley Sayre. Text copyright © 2002 by April Pulley Sayre. Reprinted by permission of Houghton Mifflin Harcourt Publishing Company.

Printed in the U.S.A.

ISBN 978-0-547-74930-3

1 2 3 4 5 6 7 8 9 10   0982   20 19 18 17 16 15 14 13 12 11

4500305994   A B C D E F G

Contenido

Cómo usar este libro

Preparación para las evaluaciones de Texas está diseñado para ayudarte a practicar para las evaluaciones de lectura y escritura de Texas. Este libro incluye secciones de Lectura, Escritura, Revisión y Corrección.

- **Lectura**   Esta sección incluye pasajes de literatura de diversos géneros literarios. Un **género** es un tipo de literatura, como por ejemplo, ficción, no ficción expositiva o poesía. Las útiles **Sugerencias** te guiarán mientras lees los pasajes y contestas las preguntas sobre ellos.

- **Escritura**   Esta sección proporciona temas de escritura para redactar narrativas personales y composiciones expositivas de una página. Los modelos de escritura de los estudiantes te muestran lo que debes (y no debes) hacer para escribir correctamente.

- **Revisión y Corrección**   Estas secciones proporcionan ejercicios de práctica para mejorar tu escritura antes de escribir el borrador final.

Gana puntos con tu respuesta

- **Preguntas de opción múltiple**   Tu maestro te entregará un Documento de respuestas antes de comenzar el trabajo. Rellena por completo los círculos de las respuestas correctas. Comprueba tu trabajo. Asegúrate de no saltarte ningún ejercicio ni de rellenar más de un círculo para el mismo ejercicio.

- **Temas de escritura**   Puedes usar una hoja de papel aparte para escribir el primer borrador para cada tema de escritura. Trata de escribir siempre de la forma más clara posible. Asegúrate de que tu borrador final no tenga más de una página.

Lee las señales

Mientras trabajas y lees este libro vas a encontrar las señales y los símbolos que aparecen abajo. Asegúrate de comprender lo que significan y lo que debes hacer cuando los veas.

Lee esta selección.	Las palabras de los recuadros dan instrucciones. Léelas con atención para asegurarte de que comprendes lo que debes hacer.
En el párrafo 10, la palabra género significa—	Presta atención a las palabras subrayadas en el pasaje. Estas palabras aparecerán después en las preguntas sobre el pasaje.
¿Cuál es la **MEJOR** forma de corregir la oración 7?	Las palabras en letra negrita y en mayúscula que aparecen en los ejercicios te servirán para descartar las opciones más débiles.
SIGUE ➤	Este símbolo te indica que debes seguir en la próxima página.
ALTO	Este símbolo te indica que debes parar de escribir.

Páctica para las evaluaciones de Texas

Ficción

Género: Vistazo general

La **ficción** se refiere a todo cuento que es inventado. **La ficción realista** es un cuento inventado que podría ocurrir en la vida real. A veces, un cuento puede incluir otros tipos de texto como avisos publicitarios, correos electrónicos o folletos informativos escritos desde un punto de vista particular. Este texto adicional puede hacer que el relato parezca más realista, y también puede añadir nueva información.

En todo cuento de ficción hay al menos un **personaje**, un **escenario** y un **argumento** o **trama**. Estos elementos están organizados en la **estructura del cuento**. El autor junta estos elementos de manera que cuenten mejor el cuento. Si tienes que **resumir** el relato, cuenta de nuevo solo los sucesos principales, y excluye detalles que no den información importante.

Cuando leas un cuento de ficción, identifica los **personajes**. Pregúntate: *¿De quién se trata principalmente este cuento?* Esa persona es el **personaje principal**. A menudo, tendrás que hacer inferencias sobre por qué actúan y hablan los personajes de esa forma. En ese caso, puede ser útil **parafrasear** la información del cuento. Cuando parafraseas, lo que haces es volver a relatar lo que ocurre usando tus propias palabras.

El **escenario** es el tiempo y lugar en el que ocurre el relato. Para identificar el escenario, pregúntate: *¿Dónde y cuándo ocurre este cuento?*

El **argumento** o **trama** es lo que sucede en el cuento. El argumento está compuesto de una serie de sucesos. El **conflicto** o **problema** se presenta al comienzo de la historia. A medida que vamos leyendo, vamos buscando los sucesos que hacen avanzar la acción. La **resolución** o **desenlace** del problema es la manera en que se resuelve el problema en cuestión.

El **narrador** es la persona que cuenta o narra un relato. Cuando un autor planea escribir una obra de ficción, debe decidir quién va a ser el narrador.

Cuando un personaje es el que narra el relato, es un narrador **en primera persona**. El narrador en primera persona utiliza las palabras *yo* y *nosotros* para contar el relato.

Cuando el narrador no es un personaje del cuento, es un narrador **en tercera persona**. Este narra el relato usando palabras como *él*, *ella* y *ellos*. Los narradores en tercera persona **omnisciente** parecen saber lo que piensan y sienten todos los personajes del cuento, mientras que los narradores en tercera persona **limitada** solo revelan los pensamientos y sentimientos del personaje principal.

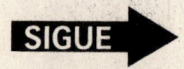
SIGUE ➡

Grado 5: Ficción

Ficción

Lee la siguiente lectura. Después contesta las preguntas que siguen. Rellena el círculo de la respuesta correcta en tu documento de respuestas.

El caso del guante resplandeciente

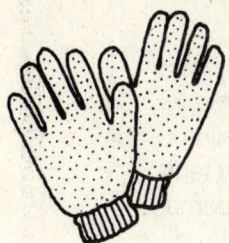

1.   —Álex López —dijo el muchacho de pelo oscuro mientras estrechaba la temblorosa mano de su nuevo cliente—. Y este —continuó, señalando con la cabeza hacia Ben Douglas— es mi magnífico asistente.

2.   El nuevo cliente estaba tan nervioso como un gato en un concurso de perros. Era evidente que no había pasado una buena noche. Los círculos negros bajo sus ojos, que parpadeaban rápidamente, lo explicaban todo. Sin decir palabra, extendió un pedazo de papel. El anuncio decía:

3.
> Nos complace anunciar la inauguración oficial de nuestra agencia de detectives, López & Douglas. Atendemos todo tipo de casos, y el servicio es gratuito. El experto detective Álex López tiene un promedio de éxito del 100% en la resolución de casos. La información es estrictamente confidencial. Para ponerse en contacto, puede llamar al 972-555-8986 o enviar por correo su consulta a la siguiente dirección: 308 Bluebell Lane. El Sr. López o su asistente el Sr. Douglas atenderán personalmente su llamada.

4.   —Ah, así es como nos ha encontrado. Venga conmigo —dijo el joven detective mientras acompañaba al visitante a una minúscula aunque práctica oficina. Este clóset debajo de las escaleras en el sótano no era gran cosa, pero era suficiente para Álex, quien pudo ver, sin embargo, que el somnoliento y nervioso cliente había quedado poco impresionado.

9

Ficción

TEKS 5.6A, 5.6B, 5.6C,
5.14C, RC-5(D), RC-5(E)

5   —Tranquilo, no pasa nada —aseguró Ben al visitante—. Álex es
el mejor detective de toda la Escuela Intermedia Harris Canyon.

6   —Lo siento —replicó el cliente— apenas pude dormir
anoche. Simplemente, no podía dejar de mirarlo.

7   —¿Mirarlo? —preguntó Ben con el lápiz detenido a media
altura.

8   —¡Esto! —El cliente, que resultaba ser Marshall Turner, alumno
de séptimo grado en Harris Canyon, sostenía un guante ante
ellos, un guante de trabajo de lo más corriente, como aquellos
que se usan para limpiar el garaje. El guante estaba tieso y tenía
la apariencia agrietada como la piel de un elefante. Por lo demás,
el guante parecía común y corriente y de lo más inofensivo.

9   Ben y Alex se miraron entre sí.
—¿Y un guante te mantuvo despierto? —preguntó Álex.

10   Marshall extendió la mano y apagó el interruptor de la luz.
El clóset, o mejor dicho, la oficina, se quedó a oscuras
inmediatamente, pero algo resplandecía. ¡Era el guante!

11   Esto ciertamente era extraño. Álex hubiera deseado que
Marshall no hubiese sacado el guante del lugar donde lo
había encontrado, pero Marshall carecía de la sabiduría de
un experimentado detective. Había que ir a la casa del
cliente, pues era necesario que Álex y Ben vieran el guante
como lo había visto Marshall la noche anterior.

12   Afortunadamente, Marshall vivía cerca en una antigua
casa. Cuando subían por las escaleras crujientes hasta el
cuarto de Marshall en el altillo, Álex sintió que algo los miraba.

13   Una vez en el altillo, Álex examinó las antiguas vigas de la
casa. Finalmente, preguntó:
—¿En qué lugar, exactamente, estaba el guante
resplandeciente?

14   Marshall señaló hacia la puerta abierta del clóset.
—Me acosté, como siempre, apagando primero la lámpara
junto a la cama. No había luna anoche, así que el cuarto
estaba completamente a oscuras. Estaba a punto de cerrar
los ojos —y en ese instante tragó saliva—, cuando vi unos
dedos que se enroscaban alrededor del extremo de la
puerta, como si estuvieran a punto de cerrarla desde
adentro. Me quedé inmóvil, mirando fijamente, pero los
dedos no se movieron jamás. Debí quedarme dormido en
algún momento y, cuando desperté, el cuarto estaba lleno de
luz. Me levanté y corrí hasta el clóset. Y ahí estaba el guante,
un guante gris común y corriente, tirado en la alfombra.

Sugerencia

Piensa qué quiere el cliente que
sepan Álex y Ben sobre el guante.
¿Por qué le resulta tan alarmante
a Marshall este artículo de ropa?

SIGUE ➡

Grado 5: Ficción

15   Marshall se dejó caer pesadamente sobre la cama, agotado tras contar su relato de terror. Ben anotó algo en su cuaderno, y Álex volvió a tener esa sensación de alarma como si hubiera un par de ojos puestos fijamente sobre ellos.

16   —¡Gladys! —gritó Marshall de repente. Ben dio un salto, y Álex tuvo tiempo de voltearse para ver como un perro de caza arrebataba el guante a Marshall con sus blanquísimos dientes y corría hacia las escaleras.

17   Cuando finalmente pudieron alcanzar a Gladys en el patio, esta movía la cola mientras mordía un hueso de plástico. A su lado se encontraba la pareja del misterioso guante, y una vieja bicicleta que parecía recién pintada. También estaba presente un joven bastante alto que Álex supuso que sería un hermano mayor de Marshall.

    —Señor —dijo Álex respetuosamente—. ¿Qué sabe usted acerca de este extraordinario guante que es motivo de misterio?

> **Sugerencia**
>
> Observa el papel de Gladys en el cuento. Piensa en sus acciones y en cómo están conectadas con sucesos futuros en la trama.

18   —Estaba pintando la bicicleta ayer cuando a Gladys le dio por jugar un rato. Me quité los guantes para jugar con un palo pero, en vez de eso, decidió agarrar los guantes —El hermano de Marshall acarició la cabeza del animal con cariño—. ¿Así que te lo dejó a ti, eh, hermanito?

19   Álex pensó detenidamente. El misterio de cómo el guante había ido a parar al altillo estaba resuelto pero, ¿por qué resplandecía el guante? Justo en ese momento, algo de la bicicleta le llamó la atención. Tenía casi el mismo tono que el guante. Y de pronto, los hechos encajaron perfectamente.

20   —¡Pintura luminiscente! —exclamó Álex—. ¡Pintaste la bicicleta con pintura que resplandece en la oscuridad!

21   —Sí, exacto —respondió el joven—. Quiero regresar a casa, de una manera segura, por las tardes después de las prácticas de básquetbol.

22   Ben asintió con la cabeza mientras Marshall miraba a Álex, completamente confundido. Álex levantó el guante mientras explicaba que el material había quedado cubierto con la pintura luminiscente de la bicicleta.

    —Y esa es la razón por la cual el guante resplandecía en la oscuridad —anunció Álex triunfalmente.

23   Marshall suspiró, comprendiendo al fin.

    —¡Uf! Gracias por resolver el misterio, Álex. ¡Ahora voy a hacer una siesta!

SIGUE

Grado 5: Ficción

1 ¿Cuál es el problema de Marshall en el cuento?

  A Debe encontrar el guante de su hermano que falta.

  B No confía en que Álex y Ben puedan resolver el misterio.

  C Está asustado de un guante que resplandece en la oscuridad.

  D Tiene que mantener a su perra alejada de la bicicleta recién pintada.

TEKS 5.6B

2 Remítete al anuncio que aparece en el cuento. El autor del aviso cree que—

  F la nueva agencia probablemente no atraiga a muchos clientes

  G a los clientes no les importa que sus problemas permanezcan en secreto

  H la agencia será capaz de resolver todos los casos

  J los clientes suelen tener problemas muy serios

TEKS 5.14C

> **Sugerencia**
>
> Piensa en la actitud y el punto de vista del personaje que escribió el aviso. ¿Cree que la nueva agencia atraerá a nuevos clientes y será capaz de resolver los casos?

3 Ver lo que ocurre desde el punto de vista de un narrador que no participa en la historia ayuda al lector a comprender—

  A lo que Marshall piensa de Álex y Ben

  B qué personaje puede ser el culpable

  C la forma en que Álex y Ben abrieron su agencia de detectives

  D lo que piensan y sienten todos los personajes

TEKS 5.6C

SIGUE

Grado 5: Ficción

4 Observa el mapa del cuento de abajo.

Comienzo	Desarrollo	Final
Los detectives se hacen cargo del caso	Marshall se dejó caer sobre la cama	

¿Qué detalles deben ir en el espacio en blanco?

F Marshall le cuenta a Ben y Álex su problema.

G Los muchachos suben por las escaleras que crujen.

H Marshall sostiene un pedazo de papel.

J Gladys se lleva el guante al patio.

TEKS 5.6A

Sugerencia

Busca el suceso que da a Álex una pista importante sobre el misterio.

---

5 El lector es capaz de ver que Álex—

A se confunde con facilidad

B tiene mucha confianza en sí mismo

C es un poco grosero

D está un poco nervioso

TEKS RC-5(D)

6 ¿Cuál de los siguientes es el mejor resumen de este relato?

F A Álex y Ben les gusta resolver misterios. Un día, Marshall va a la oficina de Álex para contarle su caso. Quiere averiguar cómo es posible que un guante corriente empiece a resplandecer de repente. Los tres muchachos se dirigen a la casa de Marshall en busca de pistas para resolver el misterio.

G Un día, Álex y Ben reciben una visita. Marshall no ha podido dormir porque un guante encontrado en su cuarto comienza a resplandecer en mitad de la noche. Marshall está cansado y muy preocupado. Espera que Álex pueda resolver el misterio.

H Una tarde, el hermano de Marshall decide pintar su bicicleta con pintura resplandeciente. Esa noche, un guante comienza a resplandecer misteriosamente. Marshall no tiene ni idea de cómo ha ocurrido eso. Quiere que Álex y Ben lo ayuden a resolver el misterio.

J Marshall es incapaz de dormir después de hallar un guante que empieza a resplandecer en su cuarto. Presenta su caso a Álex y Ben, que visitan la casa de Marshall en busca de pruebas. Cuando Álex compara una bicicleta recientemente pintada con el guante resplandeciente, resuelve el misterio.

TEKS RC-5(E)

Nombre _____   Fecha _____

No ficción literaria

Género: Vistazo general

La **no ficción literaria** es una forma de escritura que emplea elementos de ficción para contar un relato verdadero sobre un **tema**.

La **autobiografía** es un tipo de no ficción literaria escrita por una persona que relata la historia de su propia vida. Cuando se escribe una autobiografía, el autor cuenta los sucesos más significativos de su vida, y comparte las lecciones aprendidas a lo largo de los años.

La **biografía** es un tipo de no ficción literaria escrita por una persona que cuenta la historia de la vida de otra persona. Una buena biografía crea una imagen precisa y completa del sujeto, además de presentar la opinión y la comprensión que el escritor tiene sobre el sujeto.

Cuando se cuenta la vida de una persona, el autor suele presentar los sucesos en **orden cronológico**, es decir, en el orden de fechas en que ocurrieron. Los lectores pueden usar sus propias palabras para **resumir** o **parafrasear** la secuencia de los sucesos si resulta difícil seguirlos. A veces, el autor también puede clarificar el significado de los sucesos importantes para el lector. Otras veces, deja que los lectores averigüen las cosas por sí mismos **haciendo inferencias** o **sacando conclusiones** con base en las pruebas o evidencias en el texto.

La no ficción literaria incluye generalmente **lenguaje académico**, como palabras especiales empleadas en escritos de ciencias o estudios sociales. Algunas de estas palabras pueden tener **raíces y afijos del latín y el griego**. Usa tus conocimientos sobre las raíces latinas y griegas de las palabras para ayudarte a comprender su significado.

Grado 5: No ficción literaria

No ficción literaria

> Lee la siguiente lectura. Después contesta las preguntas que siguen.
> Rellena el círculo de la respuesta correcta en tu documento de respuestas.

Abigail Adams: Una mujer adelantada a su tiempo

1   Abigail Adams vivió en una época en la que las mujeres no podían votar, ocupar cargos públicos o asistir a la universidad. A finales del siglo XVIII, muchos pensaban que obtener una educación formal constituía una desventaja para una mujer, porque ¡podría hacerla creer que sabía tanto como su marido!

2   Abigail Adams opinaba de otra manera. Apoyaba los derechos de las mujeres, porque creía firmemente que se debía tratar igual tanto a los hombres como a las mujeres. En 1776, su marido, John Adams, se encontraba en Filadelfia ayudando a redactar la Declaración de la Independencia. Mientras tanto, en su hogar en Massachusetts, Abigail Adams le escribió una carta a su esposo pidiéndole que "recordara a las señoras" cuando los hombres estuvieran escribiendo las nuevas leyes.

3   Abigail Adams escribió muchas cartas a su marido a lo largo de los años. Durante la Guerra de Independencia, y mientras John Adams asistía como delegado en el Congreso Continental en Filadelfia, Abigail le escribió para informarle sobre las actividades de las tropas británicas en la zona de Boston. Además de transmitir importantes detalles, sus cartas solían incluir opiniones sobre las injusticias en la

Sugerencia

Observa que esta información presenta al lector a una mujer inusual para su época y lugar.

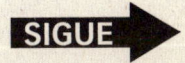
SIGUE

Grado 5: No ficción literaria

sociedad de su tiempo. Le pesaba su falta de educación escolar y debido a ello, insistió para que su hija recibiese una educación integral.

4   Abigail Adams siempre insistió en la importancia de decir alto y claro aquello en lo que creía, aunque admitía que su franqueza podía causarle problemas. Cuando su esposo se presentó a las elecciones para presidente de los Estados Unidos en 1796, Abigail temía convertirse en Primera Dama porque, como esposa del Presidente, tendría que guardarse para sí sus opiniones, así que le dijo a su marido: "Deberé imponerme guardar silencio cuando mi deseo sea hablar". Sin embargo, no estaba segura de poder hacerlo. En 1797 John Adams fue elegido Presidente y, al poco tiempo, Abigail descubrió el inmenso poder de la prensa.

5   Los periódicos informaban sobre lo que la Primera Dama hacía y decía, y siempre encontraban alguna cosa que criticar. Algunos decían que Abigail gastaba demasiado dinero, y otros la acusaban de tacaña. La acusación más hiriente fue que influía en las decisiones políticas de su marido. Después de tres años de citarla incorrectamente y de sentirse incomprendida, Abigail Adams aprendió a elegir cuidadosamente sus palabras. Cuando se trasladó con su marido a Washington, D.C., la nueva capital, elogió el nuevo hogar presidencial recién construido, más tarde conocido como la Casa Blanca, y afirmó que había sido "construida para durar una eternidad", aunque se abstuvo de señalar que ¡todavía no estaba en condiciones de ser habitada!

6   De hecho, cuando llegó John Adams, la casa todavía estaba en obras y los cuartos sin terminar, y era fría, oscura y húmeda, incluso con las trece chimeneas encendidas. Abigail se negaba a colgar la ropa fuera de la casa para que la pudiera ver cualquiera, así que terminó colgando un tendedero en la sala de conferencias. Al fin y al cabo, como le explicó a su hermana, ¡tal y como estaba la sala, no servía para mucho más! También pensaba que la casa era demasiado grande. Una vez comentó que harían falta treinta sirvientes para administrar ese "castillo", pero solamente podía disponer de trece.

> **Sugerencia**
>
> Busca detalles que muestren cómo se sentía Abigail Adams viviendo en la Casa Blanca.

SIGUE ➡

7   Lo que más le molestaba de la vida en Washington, D.C. era el uso generalizado de esclavos. Siempre había creído que la esclavitud era detestable, y en ese respecto, dejó claro lo que pensaba. Había aprendido a ceder en los temas menores, pero nunca podría ceder en los asuntos importantes. Abigail Adams fue una mujer consciente de sus convicciones y adelantada a su época.

Nombre _____ Fecha _____

1 Observa la tabla de abajo.

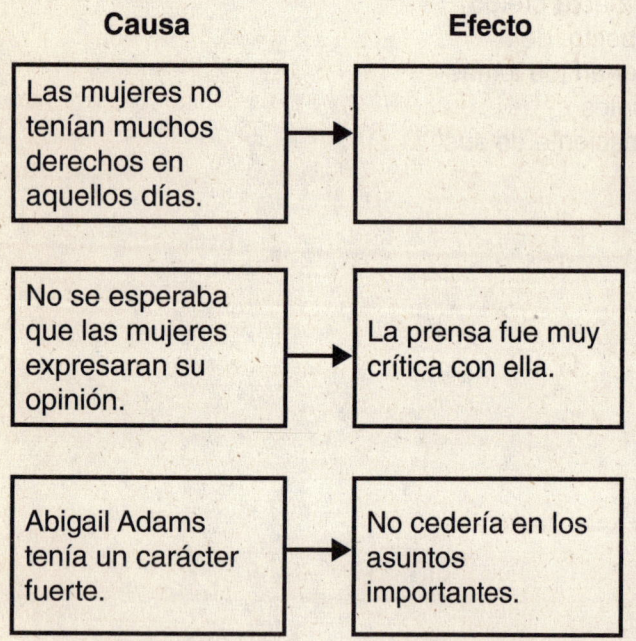

Causa	Efecto
Las mujeres no tenían muchos derechos en aquellos días. →	
No se esperaba que las mujeres expresaran su opinión. →	La prensa fue muy crítica con ella.
Abigail Adams tenía un carácter fuerte. →	No cedería en los asuntos importantes.

¿Qué oración debe ir en la casilla vacía?

A Las mujeres como Abigail Adams no podían votar ni ir a la universidad.

B Muchos líderes y dirigentes de Washington admiraban a Abigail Adams.

C Abigail Adams a veces gastaba demasiado dinero.

D Muchas mujeres siguieron el ejemplo de Abigail Adams.

TEKS 5.7

2 ¿Cuál es la mejor descripción de la forma en que el autor presenta los sucesos más importantes en la vida de Abigail Adams?

F Incluye diferentes opiniones sobre su vida.

G Plantea preguntas sobre su vida y las responde.

H Describe los sucesos en orden cronológico.

J Compara los sucesos con las vidas de otras mujeres de esa época.

TEKS 5.7

Sugerencia

Revisa el pasaje contra cada opción de respuesta. ¿Qué opción se apoya en el texto?

3 ¿Por qué escribió Abigail Adams tantas cartas a lo largo de su vida?

A No tenía pasatiempos interesantes.

B Quería publicar sus cartas.

C Solía pasar mucho tiempo separada de su marido.

D Quería contar a sus amigos cosas de Washington.

TEKS RC-5(D)

Sugerencia

Piensa en las responsabilidades de John Adams durante su vida al servicio de su país. ¿Qué significado tuvo su trabajo para su familia?

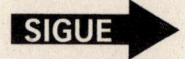 SIGUE

Grado 5: No ficción literaria

Nombre _____ Fecha _____

4 En el párrafo 5, la palabra <u>incomprendida</u> significa—

F comprendida a menudo

G ignorada

H nunca citada

J no comprendida

TEKS 5.2A

5 En el párrafo 7, ¿por qué dice el autor que Abigail Adams estaba "adelantada a su época"?

A Pensaba y actuaba como una mujer moderna.

B Fue una gran líder en la sociedad de Washington.

C Fue tan culta y educada como las mujeres de la actualidad.

D No tenía la paciencia necesaria para tratar con los demás.

TEKS RC-5(D)

6 ¿Cuál de los siguientes es el mejor resumen de los párrafos 2 y 3?

F Abigail Adams fue una partidaria de la igualdad de derechos para las mujeres y una severa crítica de los males sociales. Aunque lamentaba su falta de educación, sus cartas estaban repletas de importantes hechos sobre la Guerra de Independencia y de ideas para mejorar la sociedad estadounidense.

G Abigail Adams nunca fue a la universidad. Sus cartas estaban llenas de errores de ortografía, pero aun así continuaba escribiendo. En una de ellas le dijo a John Adams, su marido, que "recordaran a las señoras". Quería que su hija pudiese recibir una buena educación.

H Abigail Adams vivió en Boston durante la Guerra de Independencia. Escribió cartas a su marido sobre lo que hacían las tropas británicas. Creía que los hombres y las mujeres debían ser tratados en igualdad de condiciones.

J A Abigail Adams le preocupaba su educación pero escribió muchas cartas en las que expresaba sus ideas. Algunas de sus cartas trataban sobre la guerra. Más tarde, se aseguró de que su hija recibiera una buena educación puesto que ella no tuvo esa oportunidad.

TEKS RC-5(E)

Grado 5: No ficción literaria

Nombre _____ Fecha _____

Texto expositivo

Género: Vistazo general

El **texto expositivo** proporciona hechos e información sobre un tema. Este tipo de texto suele exponer una **idea principal** sobre el tema y proporciona **detalles** y **hechos** para apoyar la idea principal. Mientras leas, observa que el autor también puede expresar **opiniones** o creencias personales sobre el tema. Toma en consideración los hechos y las opiniones contenidos en la selección para **sacar conclusiones**, o formar un juicio razonado sobre lo que acabas de leer.

El texto expositivo está organizado siguiendo un patrón particular: **comparación y contraste, secuencia/orden lógico**, o **causa y efecto**. Puede que un texto tenga más de un patrón organizativo. El escritor puede, por ejemplo, presentar la mayor parte de las ideas de una selección en el **orden** en que ocurrieron, pero puede organizar un determinado párrafo con una estructura de causa y efecto para mostrar *por qué* ocurrió algo. Comprender la manera en que está organizada una selección te puede ayudar a **hacer conexiones** entre las ideas y la información de un texto.

La escritura expositiva también puede incluir **texto instructivo**, que pueden ser las instrucciones o los pasos en un proceso. El escritor organizará los pasos de un proceso en una **secuencia** específica. El lector puede entonces seguir los pasos para completar una tarea o resolver un problema.

El texto expositivo puede hacer uso de **características del texto** como la letra resaltada en negritas, encabezamientos, pies de foto, palabras clave y cursivas. Estas características te pueden ayudar a hallar información. Una palabra resaltada en negritas puede, por ejemplo, señalar una idea importante. También puede indicarte que a continuación sigue una definición o un ejemplo de esa palabra. La escritura expositiva también puede incluir **elementos gráficos** como mapas, tablas, ilustraciones y diagramas. Estos elementos pueden aportar información a la selección o presentar hechos de una forma fácil de ver.

Grado 5: Texto expositivo

Texto expositivo

Lee la siguiente lectura. Después contesta las preguntas que siguen.
Rellena el círculo de la respuesta correcta en tu documento de respuestas.

La maravillosa rueda del Sr. Ferris

1   Casi todos los parques de atracciones o ferias de ciudad
tienen una rueda de la fortuna o noria. Estas son tan
frecuentes y habituales, que no se piensa mucho en cómo
llegó a ser famosa esta atracción o cómo se le puso nombre.

Un invento maravilloso

2   La rueda de la fortuna, llamada "Ferris Wheel" en inglés,
fue nombrada así en honor a su inventor, George
Washington Gale Ferris. Ferris diseñó la nueva atracción
para la Exposición Universal, llamada "Exposición de Colón",
que tuvo lugar en Chicago en 1893 para celebrar el cuarto
centenario de la llegada de Colón a las Américas.

> **Sugerencia**
>
> Busca datos sobre la rueda de la fortuna y la Exposición Universal.

La Exposición Universal de 1893

3   La Exposición Universal presentó a la gente culturas
provenientes de todo el mundo y nuevos descubrimientos
e inventos. En la década de 1890, la electricidad ya no era
algo nuevo, pero muchos todavía no habían visto lo que
podía hacer. De hecho, muchos le temían. En la Exposición
de 1893 se emplearon luces eléctricas de maneras nunca
vistas antes. Los edificios fueron iluminados con muchas
luces por la noche. La rueda de la fortuna también brillaba

> **Sugerencia**
>
> Observa que aprendió la gente que asistió a la Exposición Universal sobre los usos de la electricidad.

21

Grado 5: Texto expositivo

intensamente. Estaba iluminada con miles de focos eléctricos.

La rueda de la fortuna

4   La asombrosa atracción tenía 264 pies de altura. La gigantesca rueda giraba sobre un eje de acero. En ese momento, el eje era la mayor pieza de acero forjado jamás hecha. Las cabinas donde se sentaba la gente eran mucho más grandes que las de hoy en día. En la rueda de la fortuna original había un total de 36 cabinas. Cada una de ellas podía albergar hasta 60 personas. Más de 2,000 personas podían montarse a la vez.

> **Sugerencia**
>
> Busca detalles de apoyo para explicar por qué la rueda de la fortuna era tan impresionante.

Todavía emocionante

5   La rueda de George Ferris tuvo un gran éxito entre los asistentes a la feria. Se montaban para sentir la emoción de subir a 264 pies de altura y para disfrutar de la impresionante vista aérea del mundo a sus pies. Se subían a la rueda por las mismas razones que lo hacemos actualmente cuando vamos a un parque de atracciones o a la feria de la ciudad.

Linea cronológica de atracciones en los parques de los Estados Unidos

1799	1884	1893
El carrusel causa diversión en Salem, Massachusetts.	Coney Island en la ciudad de Nueva York obtiene la primera montaña rusa de los Estados Unidos.	La rueda de la fortuna aparece por primera vez en la Exposición Universal de Chicago.

SIGUE

22

Producir electricidad con fruta

La electricidad causó asombro entre los contemporáneos del
Sr. Ferris, pero lo cierto es que se puede producir
electricidad a partir de objetos corrientes de uso diario.

Materiales:

un limón o una naranja

un tornillo de cobre de 2 pulgadas

un tornillo de cinc de 2 pulgadas

un foco con cables de 2 pulgadas

Procedimiento:

1. Rueda la fruta con la mano suavemente sobre una
   superficie o apriétala ligeramente para ablandarla. Esto
   hace fluir el jugo dentro de la fruta.

2. Pide a un maestro o padre que te ayude con esta parte
   del experimento. Clava los tornillos en la fruta a 2
   pulgadas de distancia entre sí. No dejes que se toquen
   entre ellos.

3. Con la ayuda de un adulto, retira una pulgada del aislante
   de los cables del foco. Envuelve uno de los cables
   alrededor del tornillo de cinc y envuelve el otro alrededor
   del tornillo de cobre. Puedes usar cinta aislante o clips
   para que los cables queden fijos en los tornillos.

4. Observa cómo se enciende la luz.

1 ¿Por qué es importante que el párrafo 2 venga antes que el párrafo 3?

A Para mostrar por qué el recinto de la feria se iluminó con muchas luces en la noche

B Para mostrar por qué la ciudad de Chicago fue la elegida para albergar la Exposición Universal

C Para mostrar por qué se inventó la rueda y cómo recibió su nombre

D Para mostrar cómo la Exposición les enseñó a los estadounidenses otras culturas.

TEKS 5.11C

Sugerencia

Piensa en cómo se conecta la información del párrafo 2 con la información del párrafo 3.

---

2 ¿Cuál es la idea principal del artículo?

F La rueda de la fortuna ha cambiado considerablemente desde su creación.

G La primera rueda de la fortuna sigue ubicada en la Exposición de Colón.

H La primera rueda de la fortuna medía 264 pies de altura y podía albergar a 2,000 personas.

J La rueda de la fortuna fue diseñada para formar parte de la Exposición Universal de 1893.

TEKS 5.11A

3 ¿Bajo qué subtítulo buscarías información sobre el diseño de la rueda de la fortuna?

A Un invento maravilloso

B La Exposición Universal de 1893

C La rueda de la fortuna

D Todavía emocionante

TEKS 5.11D

4 ¿De qué manera se convirtió la rueda de la fortuna en un símbolo de la Exposición Universal?

F Fue diseñada por un inventor estadounidense.

G Fue una estructura extremadamente grande.

H Proporcionó diversión a muchos niños.

J Produjo mucho entusiasmo entre los visitantes.

TEKS 5.11E

Sugerencia

Piensa en todas las maneras en que la rueda de la fortuna y la Exposición Universal afectaron a la gente.

Nombre _____ Fecha _____

5 ¿Cuál hecho es verdadero y puedes comprobarlo con una enciclopedia electrónica?

A Las ruedas de la fortuna son tan comunes hoy día que la gente no se pregunta por qué fueron inventadas.

B A finales del siglo diecinueve mucha gente tenía mucho miedo de la electricidad.

C La primera rueda de la fortuna tenía cabinas mucho más grandes que las que montamos actualmente.

D Más personas disfrutaban de la emoción de subirse a la atracción que de la vista aérea del recinto ferial.

TEKS 5.11B

6 Vuelve a observar la línea cronológica. ¿En qué año apareció en los Estados Unidos la primera montaña rusa?

F 1799

G 1884

H 1890

J 1893

TEKS 5.13B

7 Observa la tabla de secuencia de abajo. Una de las casillas no está en el orden correcto.

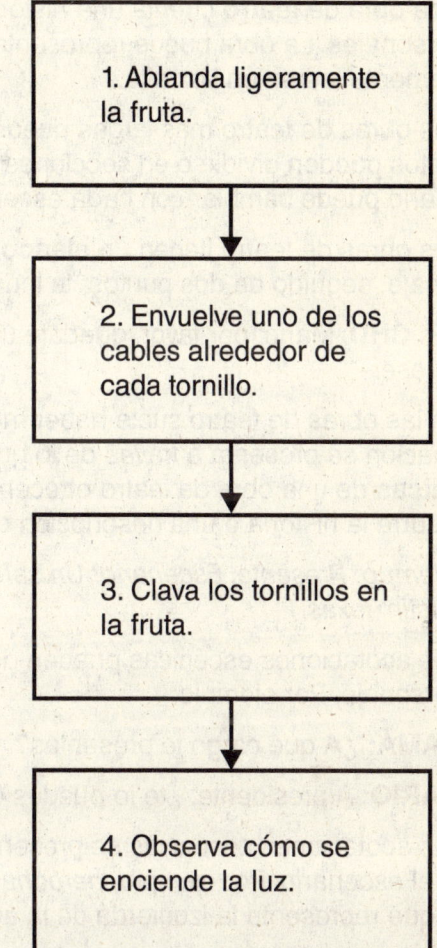

1. Ablanda ligeramente la fruta.

2. Envuelve uno de los cables alrededor de cada tornillo.

3. Clava los tornillos en la fruta.

4. Observa cómo se enciende la luz.

¿Cuál es el orden correcto de los pasos de este procedimiento?

A 1, 3, 2, 4

B 3, 2, 1, 4

C 1, 4, 2, 3

D 4, 3, 2, 1

TEKS 5.13A

ALTO

25

Nombre ____________________ Fecha __________

TEKS 5.2E, 5.5, 5.6A, 5.6B

Teatro

Género: Vistazo general

Una obra de **teatro** cuenta una historia a través de las palabras y los actos de los personajes. La obra puede representarse en un teatro, un escenario escolar o simplemente leerse en voz alta.

Las obras de teatro más largas pueden dividirse en secciones llamadas **actos**. Los actos pueden dividirse en secciones más pequeñas llamadas **escenas**. El escenario puede cambiar con cada escena.

Las obras de teatro tienen un **elenco de personajes**. El nombre de un personaje, seguido de dos puntos, te indica quién está hablando. Por ejemplo:

SR. CHU: Mario, por favor, quédate un momento. Tengo una idea que espero te interese.

En las obras de teatro suele haber muy poca descripción. Casi toda la información se presenta a través de lo que dicen los personajes. Las **acotaciones escénicas** de una obra de teatro ofrecen información como el tiempo y lugar en que ocurre la historia o una descripción del escenario. Por ejemplo:

(*Tiempo: Presente. Escenario: Un salón de clases en una escuela primaria de Austin, Texas.*)

Las acotaciones escénicas pueden describir los sentimientos y los actos de un personaje. Por ejemplo:

MAMÁ: ¿A qué cargo te presentas?

MARIO: A presidente, ¿te lo puedes creer? (*Se ríe y encoge los hombros*).

Las acotaciones escénicas se presentan desde el punto de vista de un actor sobre el escenario. Por ejemplo, *derecha del escenario* significa a la derecha del actor, que representa la izquierda de la audiencia.

A la hora de planear una obra de teatro, al igual que un cuento, el autor debe decidir la forma en que un suceso seguirá a otro. Este orden o **secuencia** de los sucesos dirige al lector o a la audiencia a través de la acción de la obra hasta su conclusión.

Si durante la lectura de una obra de teatro encuentras una palabra desconocida, búscala en un **diccionario**, **tesauro** o **glosario**.

SIGUE

Nombre _____ Fecha _____

Teatro

Una fuerza para el cambio

Elenco de personajes: MARIO FERNÁNDEZ, EL SR. CHU, SUE GREGORY, UN GRUPO DE ESTUDIANTES

ACTO 1

Escena 1 *(Escenario: Un salón de clases casi vacío. El reloj marca las 2:55. Mario, un estudiante de quinto grado de expresión alegre, se cuelga la mochila en el hombro. El Sr. Chu se levanta de su escritorio).*

> **Sugerencia**
>
> Observa que las acotaciones escénicas se ponen en cursiva. Los personajes no las leen en voz alta.

1   **SR. CHU:** Mario, quédate un momento, por favor. Tengo una idea que espero que te parezca interesante.

2   **MARIO:** Está bien, Sr. Chu. ¿Es sobre mi informe para la clase de inglés?

3   **SR. CHU:** No, es sobre otra cosa que se me ha ocurrido. ¿Has estado siguiendo la campaña para las elecciones del Consejo Escolar?

4   **MARIO:** No, a mí eso no me interesa. Ya me conoce: a mí lo que me gusta es el básquetbol. La política la dejo para gente como Sue Gregory y Marshall Brown. *(Se ríe)* ¡Estoy seguro de que podrían administrar el consejo ellos solos!

5   **SR. CHU:** ¿Deberían ser siempre los mismos estudiantes los líderes del consejo? ¿Es eso saludable para cualquier tipo de gobierno?

6   **MARIO:** (*Dejando lentamente su mochila sobre un escritorio cercano*) ¿Está diciendo que muchachos como yo deberíamos presentarnos a las elecciones? ¿No solamente los estudiantes más populares?

7   **SR. CHU:** Eso es justamente lo que estoy sugiriendo. ¿Sabes qué? Veo algo en ti, Mario. No siempre intervienes en clase, pero cuando lo haces, sueles decir cosas inteligentes. Y también tienes motivación; piensa solamente en cómo actúas en la cancha de básquetbol. Si te lo propones, podrías convertirte en una fuerza para el cambio.

Sugerencia

Piensa cómo hace el Sr. Chu para que Mario tenga una nueva opinión sobre sí mismo.

8   **MARIO:** Lo voy a pensar, Sr. Chu. Pero en verdad no creo que pueda ganar unas elecciones. (*Sale del escenario por la izquierda*).

Escena 2 (*Escenario: La casa de Mario. La madre está arreglando papeles en su escritorio. Mario se queda de pie en la puerta, un poco indeciso*).

Sugerencia

Mientras lees la obra de teatro, piensa en cómo un suceso conduce a otro.

9   **MAMÁ:** Entra. Pareces preocupado por algo.

10   **MARIO:** (*Entrando al estudio de su mamá*) Es que tengo que escribir un discurso. Es para... algo así como un discurso de campaña electoral.

11   **MAMÁ:** ¿A qué cargo te presentas?

12   **MARIO:** A presidente, ¿puedes creerlo? (*Se ríe y encoge los hombros*).

13   **MAMÁ:** (*Levantándose para darle un abrazo*) Por supuesto que puedo creerlo. Podemos probar con algunas ideas esta noche, si te parece bien …

Escena 3 (*Escenario: El auditorio de la escuela, dos semanas más tarde*)

14   **SUE:** (*Radiante ante la muchedumbre*) Estoy segura de que nos encantará trabajar juntos de nuevo en el Consejo Escolar. Aunque haya sido una buena vicepresidenta el año pasado, ¡seré una mejor presidenta durante este curso! (*Sale por la derecha del escenario mientras los estudiantes la aplauden cortésmente*)

Nombre _____ Fecha _____

15   **MARIO:** (*Caminando con confianza por el escenario hasta llegar al podio; mirando fija y directamente a la audiencia*) Buenos días. Sé que mi cara no es tan conocida como la de Sue, que acaba de dar un magnífico discurso. Sin embargo, eso puede que sea bueno, ¿no les parece?

(*El Sr. Chu se inclina hacia adelante en su asiento, escuchando con atención*)

16   **MARIO:** Un gobierno solamente es tan fuerte como la unión de todos sus miembros, y eso incluye a los votantes. En un equipo de básquetbol, saber cuándo pasar la pelota es tan importante como hacer canasta. Así debe ser también en el Consejo Escolar, ¿no creen? Saber cuándo pedir la opinión de los demás y escuchar atentamente forma parte de un buen liderazgo. A mí me gusta trabajar en equipo y dispongo de mucha energía y entusiasmo. Tenemos una gran escuela, pero siempre hay cosas para mejorar, ¿no es así?

> **Sugerencia**
>
> Piensa en por qué compara Mario el Consejo Escolar con un equipo de básquetbol.

(*Mario baja del escenario con una agradable sonrisa y entrega una pila de tarjetas a un estudiante de la primera fila*).

17   **MARIO:** Estas tarjetas son para que anoten sus ideas. Díganme en qué creen que podríamos trabajar este año. Como presidente, estas tarjetas me servirán de guía. Gracias. (*Vuelve a su asiento*)

> **Sugerencia**
>
> Busca un suceso que resuelva el problema presentado en la primera escena de la obra.

(*Los estudiantes empiezan a cuchichear entusiasmados. Luego se oye una explosión de aplausos*).

18   **SR. CHU:** (*Hablando bajito para sí mismo*) Creo que acabamos de presenciar esa fuerza para el cambio.

29

1 ¿Cómo puedes saber que este pasaje es una obra de teatro?

   A Se cuenta mediante palabras y actos.

   B Tiene un elenco de personajes.

   C Tiene acotaciones escénicas.

   D Todas las anteriores.

TEKS 5.5

2 Fíjate en la siguiente entrada de un glosario para la palabra <u>política</u> del párrafo 4.

> **política:** la ciencia o el estudio del gobierno

¿Qué oración usa la palabra <u>política</u> de la manera en que está definida en la entrada de glosario?

   F Pienso que Jorge emplea la política demasiado.

   G El maestro dio política al líder estudiantil.

   H En nuestra escuela hay mucha política.

   J Las clases favoritas de mi hermano en la universidad son sobre política.

TEKS 5.2E

3 Cuando el Sr. Chu pregunta, "¿Es eso saludable para cualquier tipo de gobierno?" está pensando en—

   A hacer que el gobierno escolar involucre a un grupo de estudiantes más amplio

   B hallar a los estudiantes más sanos para que se presenten al Consejo Escolar

   C votar para reemplazar el Consejo Escolar por otro tipo de gobierno

   D dar a un jugador de básquetbol la oportunidad de enseñar deportes a los estudiantes

TEKS 5.5

Sugerencia

Piensa en cómo los escritores usan el diálogo para sugerir, en vez de afirmar directamente, una idea.

4 El autor empieza una nueva escena después del párrafo 8 para mostrar que—

   F se presenta un nuevo problema en la trama

   G uno de los candidatos ya ha ganado las elecciones

   H las elecciones para el Consejo Escolar acaban de empezar

   J el tiempo y lugar de la acción han cambiado

TEKS 5.5

Grado 5: Teatro

Nombre _____ Fecha _____

5 Usa la tabla de acotaciones escénicas para sacar una conclusión de la obra de teatro.

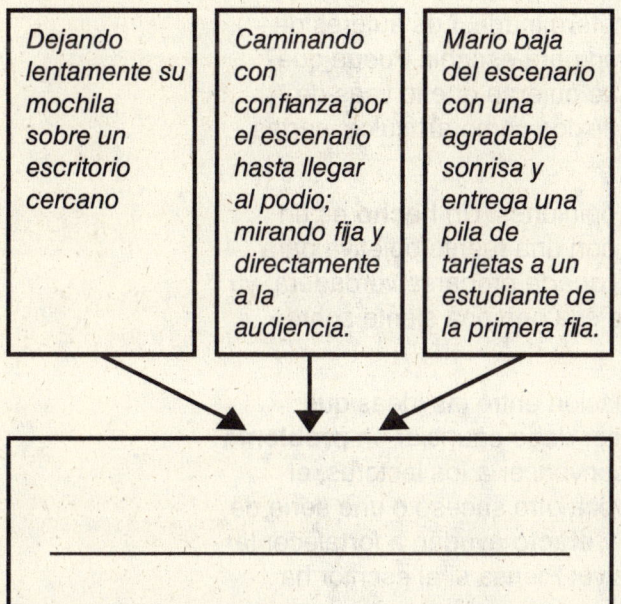

| *Dejando lentamente su mochila sobre un escritorio cercano* | *Caminando con confianza por el escenario hasta llegar al podio; mirando fija y directamente a la audiencia.* | *Mario baja del escenario con una agradable sonrisa y entrega una pila de tarjetas a un estudiante de la primera fila.* |

¿Qué oración debe ir en el espacio en blanco?

A Mario solamente quiere complacer al Sr. Chu presentándose al cargo.

B Mario quiere hacer amigos con los demás miembros del consejo escolar.

C Mario no tendrá en consideración a los demás estudiantes si sale elegido para el cargo.

D Mario se ha convencido a sí mismo de su capacidad para ser el líder de los estudiantes.

TEKS 5.5

6 El Sr. Chu es un personaje importante porque—

F anima a Mario a verse como un líder

G enseña en una clase de quinto grado en una escuela primaria

H admira las destrezas de Mario en la cancha de básquetbol

J ayuda a todos los de quinto grado a presentarse al Consejo Escolar

TEKS 5.6B

> **Sugerencia**
>
> Piensa en por qué Mario decide presentarse al cargo de presidente del Consejo Escolar.

7 En la Escena 3, ¿qué suceso resuelve el problema?

A Los estudiantes aplauden después del discurso de campaña de Sue.

B El Sr. Chu escucha atentamente lo que Mario dice a los demás estudiantes.

C Mario despierta el interés de los estudiantes al entregar tarjetas para sugerencias.

D Mario regresa cortésmente a su asiento y deja el podio libre.

TEKS 5.6A

ALTO

Nombre _____ Fecha _____

TEKS 5.2B, 5.10, 5.12A, 5.12B, RC-5(D), RC-5(E)

Texto persuasivo

Género: Vistazo general

El **texto persuasivo** es una forma de escritura que trata de convencerte para que hagas algo o para que pienses de una forma determinada. Los autores de textos persuasivos tienen un firme **propósito** o razón para escribir. Puede que crean firmemente en un tema particular, o puede que quieran que lo veas de determinada manera. Este tipo de escritura incluye textos como artículos, cartas, editoriales, avisos publicitarios y carteles.

El texto persuasivo emplea tanto hechos como opiniones. Un **hecho** es un enunciado que puede comprobarse comparándolo con una fuente objetiva para determinar si es verdadero o falso. Una **opinión** no *puede* probarse verdadera, ya que representa la creencia de una persona o lo que esa persona siente sobre alguna cosa.

Cuando leas un texto persuasivo, fíjate en la relación entre las ideas que aparezcan en los argumentos. Por ejemplo, el escritor debe enunciar un **problema** antes de presentar las posibles **soluciones**. Para convencer a los lectores, el autor debe dejar claro que un suceso **causa** o provoca otro suceso o una serie de sucesos. Piensa en cómo las relaciones de **causa y efecto** ayudan a fortalecer la argumentación del escritor. **Evalúa** el texto persuasivo: Piensa si el escritor ha tenido éxito al plantear su argumentación.

Para conseguir un **propósito** particular, los autores emplean muchos tipos de lenguaje persuasivo en sus escritos. Puede que te hagan sentir que es tu responsabilidad hacer algo, o que te hagan sentir culpable si no lo haces. Puede que **hagan preguntas** para hacer que pienses de cierta forma sobre un tema. Puede que **fuercen o exageren la verdad** sobre una idea para causarte una fuerte impresión. Incluso puede que utilicen palabras engañosas para favorecer o promover su causa. Piensa mientras lees en cómo estos recursos apoyan el **propósito del autor**.

Puesto que el lenguaje es una parte importante de los textos persuasivos, no te olvides de buscar las nuevas palabras de vocabulario mientras lees. Puede que algunas de estas palabras tengan más de un **significado**. Cuando leas la oración que contenga esa palabra, busca claves que te indiquen la forma en que el escritor emplea la palabra.

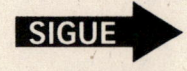
SIGUE

Texto persuasivo

> **Lee la siguiente lectura. Después contesta las preguntas que siguen. Rellena el círculo de la respuesta correcta en tu documento de respuestas.**

¿Por qué son importantes los bosques tropicales?

Sugerencia

El título es una pregunta sobre los bosques tropicales. Te indica que el artículo contestará la pregunta o explicará la importancia de los bosques tropicales.

1   La conservación del medio ambiente o la protección de los recursos naturales como el agua o los árboles no es un tema nuevo. Sin embargo, los científicos se han preocupado mucho por el daño y la degradación de los bosques tropicales del mundo durante los últimos 25 años. Los bosques tropicales son ecosistemas verdes y húmedos de Sudamérica, África y Australia. Más de la mitad de las plantas y animales que hay en el mundo viven en estos bosques.

2   Desde que los colonos europeos llegaron hace varios siglos, se han cultivado y recolectado los productos de los bosques tropicales, entre ellos la caña de azúcar, las frutas, la madera y el caucho. La forma de cultivar esos productos ha dañado el suelo de la región. Además, la tala de árboles en los bosques tropicales ha puesto en peligro de extinción a algunos tipos de plantas y animales.

3   Desafortunadamente, los granjeros de los bosques
tropicales han sembrado los mismos cultivos en el mismo
terreno por dos o tres temporadas seguidas. La tierra
necesita tiempo de descanso entre siembras, de lo contrario,
se pierden importantes minerales para siempre. Los
científicos lo saben, por esa razón ayudan a los granjeros a
emplear diferentes formas de sembrar, a variar sus cultivos y
a dar descanso a la tierra para que pueda renovarse.

4   ¿Cómo pueden los ganaderos usar la tierra con más
prudencia? Los ganaderos del Amazonas han cortado los
árboles para plantar pastos donde sus ganados puedan
<u>pacer</u>. Esta práctica ha provocado la pérdida de muchas
hectáreas de bosque tropical. Sin embargo, si los ganaderos
plantaran árboles en parte de sus terrenos, no perderían
ingresos y ayudarían a salvar los bosques. Los nuevos
árboles también proporcionarían sombra a los animales. El
terreno plantado contiene suelo más rico en nutrientes, así
que esta práctica ofrece muchas ventajas.

> **Sugerencia**
>
> Piensa qué pueden hacer los
> ganaderos para reducir la pérdida
> de área de bosque tropical.

5   Desconocemos lo que podría pasar en nuestro mundo si
continuamos dañando ecosistemas importantes como los
bosques tropicales. ¿Estaríamos condenados a una
catástrofe? Es posible que, en poco tiempo, no queden
bosques tropicales en la Tierra, y eso sería un crimen.
Sabemos que cualquier forma de vida depende de otra, por
lo tanto, deberíamos emplear este conocimeinto para
cambiar la forma de cuidar los bosques tropicales hoy y en el
futuro.

SIGUE

1 El autor apoya firmemente la idea de que—

A los ganaderos querrán plantar árboles en sus tierras

B los bosques tropicales no son necesarios para los seres humanos

C los seres humanos pueden afectar el destino de los bosques tropicales

D los bosques tropicales desaparecerán de la tierra en poco tiempo

TEKS 5.10

Sugerencia

Piensa en la idea importante que el autor quiere recalcar sobre la protección de los bosques tropicales.

---

2 En el párrafo 4, la palabra <u>pacer</u> significa—

F comer la hierba del campo

G cortar el pasto

H estar a la sombra

J pasear por el campo

TEKS 5.2B

3 Observa la tabla de abajo.

Causa	Efecto
Se plantan los mismos cultivos una y otra vez.	
Se destruye el suelo de los bosques tropicales.	Las plantas y los animales pueden desaparecer.
Se varían los cultivos cada año.	La calidad del suelo mejora.

¿Qué oración debe ir en el recuadro en blanco?

A Los granjeros tienen mejor suelo donde plantar.

B Se pierden importantes minerales del suelo.

C El clima de los bosques tropicales cambia.

D El hambre en el mundo deja de ser un problema.

TEKS 5.12A

SIGUE ➡

4 ¿Qué enunciado exagera la verdad para decir algo importante?

F *¿Estaríamos condenados a una catástrofe?*

G *Más de la mitad de las plantas y animales que hay en el mundo viven en los bosques tropicales.*

H *Los ganaderos del Amazonas han cortado los árboles para plantar pastos donde sus ganados puedan pacer.*

J *Desconocemos lo que podría pasar en nuestro mundo si continuamos dañando ecosistemas importantes como los bosques tropicales.*

TEKS 5.12B

> **Sugerencia**
>
> Decide cuál de lo enunciados sería difícil de apoyar o defender. Busca una oración que contenga una exageración.

5 En el párrafo 4, "no perderían ingresos" significa—

A que ganan muy poco dinero

B que no perderían todo el dinero que tienen

C que ganarían la misma cantidad de dinero

D que emplearían su dinero para otros propósitos

TEKS RC-5(E)

6 ¿Por qué el suelo plantado con árboles contiene suelo más rico en nutrientes que el terreno empleado para pacer el ganado?

F Los ganaderos solamente plantan árboles en suelo fértil.

G El ganado elige el terreno más fértil para pacer.

H Los árboles y las plantas devuelven minerales al suelo.

J El suelo rico en minerales solo existe donde hay sombra.

TEKS RC-5(D)

Grado 5: Texto persuasivo

Poesía

Género: Vistazo general

La **poesía** es una forma de escritura, muchas veces en verso, que relata una historia o describe algo. Un poema tiene **rima** si dos o más de sus versos terminan con el mismo sonido. Los poetas a veces usan patrones de longitud de los versos, o de métrica, para darle **ritmo** al poema. El ritmo es un patrón de sílabas acentuadas y no acentuadas en un verso: *TOca el tamBOR, SOpla el tromBÓN*, por ejemplo. Cuando leemos un poema, es importante saber poner el énfasis en las sílabas adecuadas.

Los poetas pueden usar **lenguaje figurado** para describir algo en un poema. El lenguaje figurado es un lenguaje que traspasa su significado literal. Los símiles y las metáforas son dos tipos de lenguaje figurado. Los **símiles** usan *como* y otras palabras para comparar dos cosas. Este es un ejemplo de símil: *El sonido de la guitarra era tan dulce como la miel*. Con este símil se describe un sonido muy agradable. En las **metáforas** se comparan dos cosas diciendo que una cosa *es* otra. Este es un ejemplo de metáfora: *La muchacha que cantó el solo es un ruiseñor*. En esta metáfora se describe a una muchacha que canta muy bien. En las metáforas no se usa *como* ni otras palabras de comparación.

Para estimular uno o varios de los cinco sentidos, un poeta también puede describir algo usando lenguaje sensorial. Un poeta puede decir, por ejemplo, *El aire se pegaba a mi piel como una sábana mojada* para mostrarnos cómo se siente un día muy húmedo. Las **imágenes** son las representaciones que formamos en la mente cuando leemos. Un poeta puede describir *las altas nubes plateadas* o un *viejo granero maltrecho* para dar a los lectores una imagen vívida del ambiente. Los **efectos de sonido** también dan vida al poema. Un efecto de sonido es la **aliteración**, que consiste en usar dos o más palabras en un verso que comienzan con la misma consonante: *rabiando, riendo, rugiendo*, por ejemplo. A veces se usan *onomatopeyas* para hacernos "oír" el poema. Las onomatopeyas son palabras que imitan un sonido natural: *zas, quiquiriquí, cataplum*.

Grado 5: Poesía

Poesía

> **Lee la siguiente lectura. Después contesta las preguntas que siguen.
> Rellena el círculo de la respuesta correcta en tu documento de respuestas.**

Ernie Gondry lava la ropa

1   A Ernie Gondry su madre le dijo:
   —Lava hoy la ropa, por favor, hijo.
   Solo la blanca —dijo su mamá—,
   no la mezcles con la verde ¡jamás!

5   Él con cariño cumple sus consejos,
   por eso él es un chico modelo.
   Mas mamá no dijo algo de importancia:
   —No mezcles la ropa roja con la blanca.

   En la boca abierta de la lavadora,
10 puso una gran bola de medias rojas.
   Pum, pum, la máquina sonó,
   y sacó las medias, pero una olvidó.

   Esperando el *tilín* final de la lavada,
   Ernie hizo lo que su mamá esperaba.
15 Recogió sus cosas y miró el reloj,
   sin ver aquella media de intenso color.

   Sabía que la máquina lavaba.
   ¿Una media roja? Pues no importaba.
   La máquina gruñendo paró
20 y alzó la tapa y ansioso miró.

   La media roja había desteñido,
   y Ernie entonces se sintió perdido.
   La media roja —¿lo hubieras pensado?—,
   pintó la ropa de un tono rosado.

38

1 Sabes que "Ernie Gondry lava la ropa" es un poema porque—

A contiene una lección para el lector

B tiene versos que riman

C cuenta un relato al lector

D tiene personajes y un narrador

TEKS 5.4

2 ¿Cuál de las siguientes frases es un ejemplo de lenguaje figurado?

F *él es un chico modelo*

G *escucha siempre todos sus consejos*

H *la boca abierta de la lavadora*

J *¿Una media roja? Pues no importaba*

TEKS 5.8

Sugerencia

Recuerda que los símiles y las metáforas forman parte del lenguaje figurado.

---

3 En el verso 5, el poeta usa las palabras "él con cariño cumple sus consejos" para crear—

A un patrón de rimas

B un patrón de sonidos

C una imagen fuerte

D un tono particular

TEKS 5.4

4 Observa las palabras de la red.

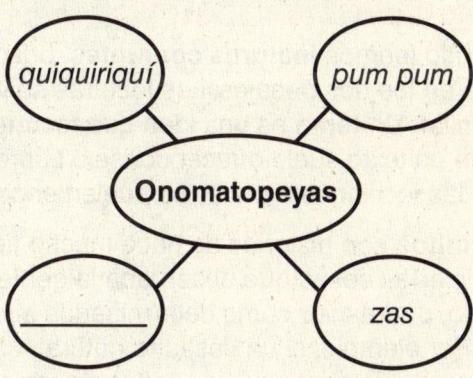

¿Qué palabra va en el cuadro en blanco?

F boca

G tilín

H sonó

J color

TEKS 5.4

6 La mamá de Ernie le dijo que no mezclara las ropas de diferentes colores porque—

A sabía que podían manchar la ropa blanca si se lavaban juntas

B pensó que esas ropas no se lavarían bien en la lavadora

C le preocupaba que Ernie fuera a romper la lavadora si ponía mucha ropa

D esperaba que Ernie olvidara lavar la ropa y se fuera a jugar al patio

TEKS RC-5(E)

39

Lecturas conjuntas

Mitos

Cuando leemos **lecturas conjuntas**, buscamos lo que es semejante y diferente en los dos pasajes. Las lecturas se presentan juntas porque exploran un tema similar. Un **tema** es una idea que recurre a lo largo de un texto. La **lección moral** de un texto suele ofrecer consejo sobre cómo ser una persona mejor. Los temas y las lecciones morales se suelen encontrar en historias como en los mitos.

Los **mitos** son historias de hace mucho tiempo que fueron creadas para explicar ciertas cosas que observaba la gente a su alrededor. Si echas una mirada al pasado, podrás ver cómo determinados sucesos influyeron en los mitos de una cultura. Por ejemplo, si un desastre natural, como un terremoto, afectó a una cultura, probablemente podrás hallar alguna mención de un terremoto en uno de sus mitos.

Casi todas las culturas tienen mitos. Algunas de estas historias son **mitos de la creación** que relatan cómo comenzó el mundo. Hay mitos de cómo el sol y la luna se crearon para iluminar el cielo y de cómo se formaron los océanos. Muchos mitos explican por qué tenemos cuatro estaciones y por qué recolectamos cosechas en otoño. De hecho, hay mitos para casi todo lo que encontramos en la naturaleza.

Hallarás que los mitos contienen todos los elementos de la ficción. Hay **personajes** principales y secundarios, un **conflicto** y un **desenlace**. Cuando los personajes interpretan sus papeles en una historia, revelan ciertas características o cualidades. Estas cualidades los llevan a actuar de determinada manera. Un personaje inteligente se comportará de forma hábil, mientras que un personaje insensato cometerá errores.

Como en la mayoría de historias, los mitos incluyen la **anticipación**, es decir, pistas sobre lo que ocurrirá más adelante en el argumento. Si, por ejemplo, se nos dice que un personaje es inteligente, podemos esperar que esa persona halle la solución al problema. Cuando vayas a leer un mito, busca sucesos y detalles que te ayuden a comprender los personajes, el argumento y el tema del cuento. Piensa en cómo lo podrías **parafrasear**, esto es, escribir el lenguaje del autor en tus propias palabras. Por último, debes estar preparado para **resumir** las ideas y los detalles principales.

Grado 5: Lecturas conjuntas

© Houghton Mifflin Harcourt Publishing Company

Lecturas conjuntas

Lee las dos lecturas siguientes. Después contesta las preguntas que siguen.
Rellena el círculo de la respuesta correcta en tu documento de respuestas.

De cómo Anansi consiguió sus historias

Adaptado de la mitología Ashanti

1   Hace mucho tiempo, en el mundo no había ninguna historia. Las personas se reunían para comer y hablar, pero no tenían cuentos para contarse. Esto los entristecía.

2   Anansi, la araña lista, pensó que quizá podría ayudar. Anansi sabía que todas las historias del mundo las estaba acaparando Nyame allá arriba en el cielo. Así que, un día, Anansi preguntó a Nyame:
    —¿Cuánto costaría obtener esas historias que tienes?

3   —El precio sería altísimo —dijo Nyame juguetonamente.

4   —Aun así, me gustaría comprarte esas historias —contestó Anansi.

5   Nyame puso un precio que sería muy difícil poder pagar. Si Anansi pudiera capturar a la gigante Pitón, al feroz Leopardo, a los Avispones picadores y al Hada mágica, y llevárselos todos a Nyame, conseguiría todas las historias.

6   Anansi era pequeña, pero siempre empleaba su inteligencia. Así que gateó hasta una palmera donde sabía que descansaba la gran Pitón y dijo en voz alta:
    —Mi esposo dice que la gran Pitón es más larga que la rama de una palmera, pero yo no sé si creerle.

7   Pitón oyó eso y explicó con cierto orgullo que era, en verdad, mucho más larga que una rama de palmera. Anansi contestó:
    —Eres muy larga, pero yo no creo que seas tan larga.

8   La serpiente, que no aceptaba desafíos, se estiró por una rama de palmera para demostrarlo, pero le costaba mucho acostarse de forma recta.
    —Quizá, si te ato la cola a la rama, podamos ver lo mucho que mides —sugirió Anansi.

> ### Sugerencia
>
> Piensa en cómo este suceso podría anticipar futuros sucesos en la historia.

41

9   La serpiente estuvo de acuerdo y Anansi la ató a la rama.
Y así fue como Anansi atrapó a Pitón.

10   Anansi se dirigió al bosque y cavó un gran agujero. Poco
después, Leopardo pasó por allí y cayó en el hoyo. Anansi
estaba allí para ayudarlo.
   –Mi querido amigo Leopardo, déjame ayudarte a salir de
este agujero tejiendo una telaraña de sogas –le dijo araña.
Anansi tejió la maraña alrededor de Leopardo y rápidamente
quedó atrapado.

11   Para atrapar a los Avispones picadores, Anansi llenó una
calabaza con agua. La vertió sobre la colmena de los
avispones y gritó:
   –¡Está lloviendo! ¡Salgan a refugiarse del agua en esta
calabaza vacía! –Y una vez dentro, selló la calabaza con
todos los avispones zumbando.

12   A continuación, Anansi hizo una bonita muñeca y la
cubrió con pegajosa resina. Luego colocó la muñeca delante
de un cuenco de dulces camotes. Por casualidad, Hada
pasaba por allí, probó un bocado y le dijo a la muñeca:
   –¡Muchas gracias! –La muñeca, por supuesto, no respondió,
así que Hada la zarandeó y quedó inmediatamente pegada
en la resina.

13   Para gran sorpresa de Nyame, Anansi regresó con Pitón,
Leopardo, Avispones y Hada. Y cumpliendo con su promesa,
Nyame dio a la araña Anansi estas historias para relatarlas
por años y años.

Sugerencia

Piensa en cómo las cualidades
del personaje de Anansi
contribuyen a su éxito.

 SIGUE

De cómo las historias llegaron al mundo

Adaptado de la mitología indígena americana

1   Hace mucho tiempo, no había historias en el mundo. La vida no era fácil para nadie y era especialmente dura en invierno, cuando el viento formaba grandes picos de nieve alrededor de las malocas. La gente se apiñaba al interior de sus malocas, pero no tenía historias con las cuales entretenerse durante los largos meses de invierno.

2   Un día, un ingenioso muchacho salió por la nieve en busca de alimento para su poblado. Tuvo suerte y halló comida, que inmediatamente guardó en su saco. El muchacho se cansó de caminar así que, antes de emprender la marcha de regreso a casa, dejó caer el saco y se apoyó sobre una gran piedra para frotarse los pies. Estando sentado allí, se dio cuenta de que la piedra sobre la cual descansaba parecía una cabeza humana. De pronto, una voz profunda preguntó:
–¿Te gustaría escuchar una historia?

Sugerencia

Observa cómo el autor describe al muchacho del poblado.

3   El muchacho dio un salto.
–¿Quién anda ahí? –gritó. Miró y miró por todos los lados pero no vio a nadie.

4   –Soy yo, Gran Piedra –tronó la voz y retumbó la tierra bajo el muchacho–. Te voy a contar una historia.

5   –Sí, hazlo, cuéntala –dijo el muchacho pretendiendo no tener miedo.

6   –Primero, necesitaré un pequeño regalo. Con esa comida que has encontrado será suficiente –dijo Gran Piedra.

7   El muchacho, sintiendo curiosidad, acercó el saco hasta la piedra. Gran Piedra contó entonces una magnífica historia de cómo se creó el mundo. Mientras el muchacho escuchaba el relato, una cálida sensación recorrió su cuerpo. Ya no se sentía cansado ni le dolían los pies.

8   –Te agradezco, Gran Piedra –dijo el muchacho cuando acabó el relato–. Volveré a casa y compartiré esta historia con mi gente. Estoy seguro de que les dará calor en las noches frías de invierno.

9   Cuando el muchacho llegó a casa, todos se preocuparon porque no había traído comida alguna.
–No se preocupen. Ha pasado algo maravilloso –les dijo.

SIGUE

10   Entonces todos se sentaron alrededor del fuego y el muchacho contó la historia de la creación del mundo. Una cálida sensación de felicidad los envolvió a todos y, de repente, la noche invernal dejó de parecer oscura y fría.

11   Durante el resto del invierno, el muchacho regresó a ver a Gran Piedra, llevando siempre un obsequio consigo. A cambio, la piedra le contó asombrosas historias de maravillas y aventuras. El muchacho compartió esos relatos con la gente, que a su vez repitió esos cuentos a sus hijos.

12   Y así es como las historias llegaron al mundo. Aun ahora, la gente sigue contando historias para alejar el frío de las largas noches de invierno. Y una vez que el relato ha acabado, todos agradecen al narrador, al igual que el muchacho ofrecía regalos a Gran Piedra en el pasado.

Sugerencia

Piensa en cómo se resolvió el conflicto en esta historia.

SIGUE ➡

Usa "De cómo Anansi consiguió sus historias" para contestar las preguntas 1 y 2.

1 El principal problema de Anansi es que—

A quiere hacerse amigo de Nyame, pero la serpiente es peligrosa

B le cuesta ganar la confianza y respeto de la gente de su poblado

C debe encontrar una manera de obtener las historias del mundo de Nyame

D tiene que idear una forma ingeniosa de atrapar en la calabaza a los avispones picadores

TEKS 5.6B

2 Este mito explica cómo—

F el pueblo Ashanti empezó a rendir culto a las arañas

G la poderosa serpiente ganó el control de un poblado Ashanti

H el pueblo Ashanti comenzó a creer en las hadas

J se desarrolló la costumbre de narrar historias entre los Ashanti

TEKS 5.3B

Sugerencia
Piensa en lo que se propone hacer Anansi.

Usa "De cómo las historias llegaron al mundo" para contestar las preguntas 3 y 4.

3 ¿Qué suceso en la historia anticipa la reacción de la gente ante la primera historia del muchacho?

A El muchacho acuerda intercambiar el saco de comida por una historia.

B La gente se reúne alrededor del muchacho para escucharlo contar la historia de Gran Piedra.

C El muchacho agradece a Gran Piedra por contarle la historia.

D El muchacho se olvida del frío y del hambre mientras escucha a Gran Piedra.

TEKS 5.6A

4 Este mito indígena americano probablemente proviene de una época en que—

F una piedra mágica le habló a un muchacho

G había escasez de comida para la tribu

H la gente no sabía ninguna historia

J nevó por primera vez

TEKS 5.3C

SIGUE

Nombre _____ Fecha _____

TEKS 5.3A, 5.3B, 5.3C, 5.6A, 5.6B, RC-5(D), RC-5(E), RC-5(F)

Usa "De cómo Anansi consiguió sus historias" y "De cómo las historias llegaron al mundo" para contestar las preguntas 5 a 8.

5 Observa la tabla de abajo.

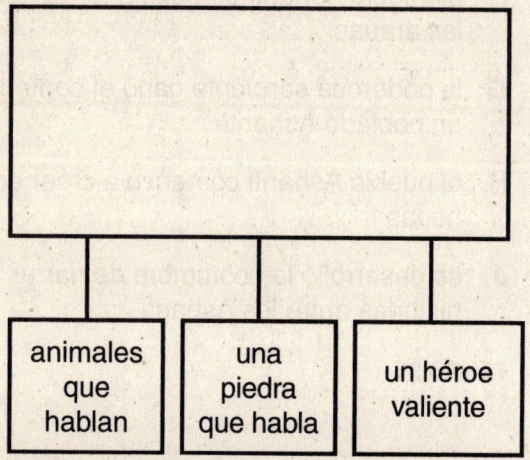

¿Qué oración debe ir en el espacio en blanco?

A Los mitos sólo se contaban a los niños.

B Los mitos contienen muchas mentiras evidentes.

C Los mitos explican cómo era anteriormente el mundo.

D Los mitos contienen personajes inusuales.

TEKS RC-5(D)

6 ¿Cuál de los siguientes es el mejor resumen de estas dos selecciones?

F En estos mitos, los personajes se engañan entre sí para obtener lo que quieren. Hay gran cantidad de magia en estas historias y ambas son muy entretenidas.

G Las personas que aparecen en estos mitos están muy tristes hasta que alguien les cuenta una buena historia. Todas las personas disfrutan con las historias si son entretenidas y tienen personajes interesantes.

H Cada uno de estos mitos incluye un personaje que lleva el arte de la narración a su gente. La comunidad encuentra sabiduría y entretenimiento en estas historias.

J Los personajes de un mito no son personas reales. Los animales y las piedras son más importantes que las personas porque las historias son sobre magia y no sobre la vida real.

TEKS RC-5(E)

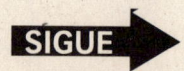

Grado 5: Lecturas conjuntas

7 ¿Qué tema aparece en ambas selecciones?

A Los animales pueden ser tan ingeniosos como las personas.

B Las historias son una parte importante de la cultura.

C Una persona joven puede ser tan sabia como una persona adulta.

D Es mejor emplear la mente que la fuerza para resolver problemas.

TEKS 5.3A

Sugerencia
Después de leer las opciones de respuesta, pregúntate cuál se puede aplicar a ambas selecciones.

8 Una de las diferencias entre las dos selecciones es que la historia de Anansi—

F cuenta cómo comenzó una costumbre

G ocurre en el pasado remoto

H tiene un narrador en tercera persona

J implica cometer un engaño

RC-5(F)

ALTO

Lee la siguiente lectura. Después contesta las preguntas que siguen. Rellena el círculo de la respuesta correcta en tu documento de respuestas.

Bonesy e Isabel

por Michael J. Rosen

1   Antes de que Isabel llegara a la casa de Sunbury Road, ya vivían allí treinta y cinco seres. Al menos treinta y cinco, y eso sin contar otros seres que no se podían contar. Tres caballos pastaban por los campos cubiertos de hierba. Once patos chapoteaban en un estanque cavado y terminado apenas unos años antes. Ocho o nueve gatos rondaban por el lugar; unos adentro, otros afuera. Y nueve perros tenían allí su hogar; todos vivían fuera de la casa y habían sido perros callejeros —mezcla de distintas razas y de distintos tamaños— excepto por uno, que vivía dentro, un labrador llamado Bonesy.

2   También había dos personas que cuidaban a todos estos seres, y que eran quienes habían traído a Isabel de El Salvador.

3   En otro tiempo, la casa principal de Sunbury Road había sido una cabaña, pero a lo largo de los años, sus sucesivos dueños habían hecho un añadido tras otro. Ahora la casa constaba de quince cuartos, un par de establos, jardines en todos los rincones soleados y semisoleados, un galpón de herramientas, un granero vacío, cercos de madera y de estacas, una parte con un bosque de pinos, un entablado y un pastizal. Todo el lugar se extendía como un cuento de nunca acabar. Y cada uno de los seres que vivían allí, o cerca o encima de la casa de Sunbury Road, conocían una parte distinta de ese cuento.

4   Las golondrinas y los querequetés del establo sabían del humo de la chimenea y de las perchas de las antenas, en qué parte del techo se habían roto las tejas y qué canaletas estaban obstruidas por las hojas.

5   Los caballos conocían los círculos del corral, las madrigueras de los topos y los conejos en el campo, la grava que bordeaba la ruta, y a qué distancia quedaba de allí prácticamente cualquier cosa.

6   Los gatos lo husmeaban todo, olfateando cada hueco o recoveco donde cantaba un grillo o se escabullía un ratón. Aun así, jamás le contaban a nadie ninguna de las historias que descubrían.

SIGUE

© Houghton Mifflin Harcourt Publishing Company

Grado 5: Práctica de lectura

7   Pero los nueve perros que vivían en el nuevo hogar de Isabel conocían
la misma parte del cuento: la de las personas que los recogieron de los
peligrosos caminos donde cada uno había sido abandonado. Por supuesto,
ellos sabían de los aromas que traía el viento y de las cercas tras las cuales
les ladraban a los transeúntes: "Fuera de nuestra casa". Pero la parte de la
historia que más les gustaba contar era la de las personas de la casa que
les hablaban en una lengua extraña, en palabras que, la mayoría de las
veces, solo querían decir: "Los queremos mucho".

8   Cuando Isabel llegó a la casa, solo sabía algunas palabras de esa
lengua extraña —el inglés—; sabía casi tanto como sabían los perros, que
era mucho más de lo que los caballos sabrían jamás y un poco más de lo
que los gatos admitían que entendían. En cuanto a los innumerables
pájaros, Isabel pronto aprendió el *piiii piiii* de los querequetés y el rápido
tatatatá de las golondrinas.

9   Así que Isabel pasó el primer verano escuchando los animales, que le
enseñaron todo lo que sabían acerca del lugar. Aunque ella no entendía el
idioma de ellos, le gustaba cómo sonaba. Los animales de Sunbury Road
hablaban como las mulas y los pollos y las cabras que vagaban por los
caminos de El Salvador que Isabel recordaba.

10   Isabel llamaba a las personas que vivían en la casa "Vera" e "Iván". Ellos
eran los que cepillaban los caballos, les quitaban las pulgas a los gatos, les
desenredaban a los perros los nudos de pelo y llenaban de cebo los
comederos de los pájaros. Ellos eran los que habían traído a Isabel desde
un país que quedaba mucho más lejos de lo que cualquier pájaro de la
casa habría podido divisar desde las alturas.

11   Mucha gente visitaba la nueva casa de Isabel, especialmente para la
cena, cuando podía oírse el entrechocar de las copas y las oleadas de
risas. Aunque muchas veces Isabel no entendía de qué se reían, al menos
sí entendía que Iván y Vera y sus amigos estaban contentos. La risa, en
inglés, sonaba igual que la risa en español.

12   Pero fue Bonesy, el único perro al que se le permitía estar dentro de la
casa, el que se tranformó en el compañero fiel de Isabel. Isabel incluso
reconoció la palabra *companion* la primera vez que Vera la pronunció
lentamente; sonaba casi igual a "compañero". A Bonesy se le permitía
entrar en la casa porque era viejo. Y como había perdido casi todos los
dientes, se le permitía comer las sobras de la mesa. Y como sufría de
artritis, se le permitía echarse bajo la mesa del comedor, a donde le
llegaban los trocitos que se deslizaban bajo del mantel. Él nunca pedía
nada. Se limitaba a esperar, o a dormir. Cuando Iván y Vera y sus amigos
reían, Isabel aprovechaba para darle a Bonesy los trocitos más blandos que
quedaban en su plato. Se sacaba los zapatos y acariciaba con sus piecitos
el pelambre de Bonesy.

SIGUE

© Houghton Mifflin Harcourt Publishing Company

13   También fue el paciente Bonesy quien ayudó a Isabel a estudiar inglés. Al menos un poquito. Debajo de la mesa del comedor junto al perro dormido, Isabel aprendía a pronunciar las palabras de sus nuevos libros. Aunque Bonesy no sabía qué era lo correcto, cuando Isabel decía *horsés* o cuando decía *hórses*, él la premiaba lamiéndola, por el solo hecho de que practicara a su lado. La cálida brisa de la nariz de Bonesy hacía hojear las páginas de su libro. Y cada vez que Isabel decía "Bonesy" o *Good dog!* o "¡Perro bueno!", el viejo labrador restregaba la cola contra la alfombra. No importaba en qué lengua hablara Isabel, Bonesy parecía saber que estaba diciendo lo mismo que sus otros dueños siempre le decían: "Te quiero mucho".

1 En el párrafo 3, "se extendía como un cuento de nunca acabar" significa que la propiedad de Sunbury Road—

A no es un lugar real y solamente existe en este cuento

B es un buen tema para un cuento sobre la vida en el campo

C está compuesta de muchas partes casi interminables

D era un lugar ruidoso, con muchas criaturas y perros que ladraban

TEKS 5.8

2 Lee esta oración que aparece en el párrafo 10 de la lectura.

> *Ellos eran los que cepillaban los caballos, les quitaban las pulgas a los gatos, les desenredaban a los perros los nudos de pelo, y llenaban de cebo los comederos de los pájaros.*

Esta oración indica que Vera e Iván son—

F bondadosos

G raros

H molestos

J combativos

TEKS RC-5(D)

3 ¿Cómo sabes que esta lectura está escrita en tercera persona?

A El narrador también es un personaje.

B El narrador sabe lo que muchos personajes observan y saben.

C Bonesy es el que cuenta el relato.

D El narrador sabe lo que un personaje observa y sabe.

TEKS 5.6C

4 ¿Qué palabras de la lectura apelan a tu sentido del oído?

F *mulas que vagaban*

G *canta un grillo*

H *aromas que trae el viento*

J *trocitos más blandos*

TEKS 5.8

5 Tras pasar un verano escuchando los animales, Isabel—

A empieza a echar de menos los caminos de El Salvador

B empieza a sentirse en ese nuevo lugar como en casa

C deja de pasar tiempo con Bonesy en el interior de la casa

D deja de tratar de aprender inglés

TEKS 5.6A

SIGUE

Grado 5: Práctica de lectura

6 ¿Por qué Isabel se siente a gusto con Bonesy?

F Bonesy es un compañero tranquilo y pacífico para Isabel.

G Bonesy es como un perro que Isabel tuvo en El Salvador.

H Bonesy come las sobras que Isabel le da en las comidas.

J Bonesy es el único perro que duerme dentro de la casa.

TEKS 5.6B

7 ¿Cuál es el problema de Isabel en la lectura?

A Le cuesta vencer el miedo a los perros de Sunbury Road.

B Echa mucho de menos a su familia y amigos de El Salvador.

C No se siente a gusto con la pareja que la ha adoptado.

D Le cuesta comprender el idioma que habla su nueva familia.

TEKS 5.6B

8 ¿Qué palabra del párrafo 13 ayuda al lector a comprender lo que significa hojear?

F premiaba

G brisa

H nariz

J restregaba

TEKS 5.2B

9 Observa los detalles en este mapa de inferencias.

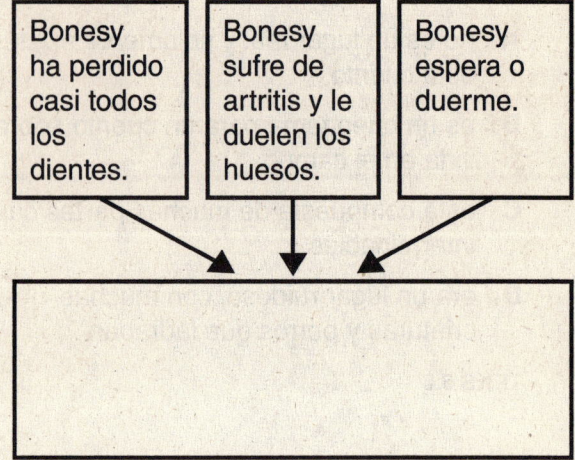

¿Qué inferencia debe ir en el recuadro en blanco?

A Bonesy ayuda a Isabel a estudiar inglés.

B A Vera e Iván les gusta cuidar a Bonesy.

C Isabel alimenta a Bonesy con las sobras.

D Bonesy necesita mayor cuidado y protección.

TEKS RC-5(D)

10 Vera e Iván son importantes en la lectura porque—

F cuidan a muchos animales

G proporcionan a Bonesy e Isabel un hogar

H enseñan a Isabel palabras en inglés

J invitan a muchos amigos a cenar

TEKS 5.6B

Grado 5: Práctica de lectura

Lee la siguiente lectura. Después contesta las preguntas que siguen. Rellena el círculo de la respuesta correcta en tu documento de respuestas.

---

de El final de la oscuridad: La historia de Louis Braille

por Russell Freedman

1   Imágenes de puntos y más puntos danzaban en la cabeza de Louis. Su intención era simplificar el sistema del capitán Barbier de manera que cada signo en forma de punto pudiera "leerse" rápidamente con la impresión <u>táctil</u> de los dedos.

2   Se pasaba los días entre clases y actividades escolares, por lo que solo podía experimentar cuando disponía de tiempo libre entre una y otra clase, durante los fines de semana o por las noches en el dormitorio de la residencia de estudiantes. Cuando los demás se habían acostado y el único sonido era la respiración de sus compañeros dormidos, Louis sacaba su punzón y papel y comenzaba a hacer pruebas con los puntos. Solía quedarse dormido también, con el punzón todavía en la mano como si quisiera seguir trabajando en sus sueños.

3   Algunas noches perdía la noción del tiempo. En ocasiones, se encontraba en el borde de la cama, haciendo puntos, cuando afuera el ruido sordo de los carromatos sobre los adoquines le anunciaban la mañana.

4   Cuando pasaba la noche en vela se quedaba dormido en clase. Y, al igual que otros alumnos, comenzó a sufrir de una tos seca. Las toses invernales eran habituales en el Instituto. El viejo edificio escolar siempre se sentía húmedo y frío.

5   Monique, la madre de Louis, se preocupaba por él cuando volvía a casa durante las vacaciones. Se veía muy pálido y delgado. Quería que subiera de peso e insistía para que se fuera temprano a la cama. Solía subir las escaleras hasta la buhardilla de su cuarto para acostar a Louis y darle un beso de buenas noches, como si todavía fuese un niño pequeño.

6   Pero unas semanas recibiendo el aire fresco del campo hacían maravillas. La tos de Louis se esfumaba y se sentía revitalizado. Durante las mañanas cálidas solía pasear por la carretera con su bastón, llevando consigo un punzón, papel y un pequeño escritorio en la mochila. Luego, se sentaba en una ladera cubierta de hierba, disfrutando del sol y trabajando pacientemente haciendo puntos en las hojas. La gente pasaba a su lado y le decía: "¡Hola, Louis! ¿Todavía haciendo agujeritos en las hojas?". No sabían exactamente qué es lo que trataba de hacer, pero fuera lo que fuera, estaba claro que lo mantenía absorto.

SIGUE

7   Paulatinamente, Louis fue capaz de simplificar el sistema del capitán Barbier, pero aun así no se sentía satisfecho. Los signos en forma de punto que había diseñado no eran lo suficientemente sencillos. A veces gritaba de frustración y rasgaba en pedazos las hojas de su trabajo.

8   Pero, de pronto, tuvo una idea; era una idea con un enfoque totalmente distinto. ¡Y parecía tan claro! ¿Cómo no se le había ocurrido antes?

9   Los signos del capitán Barbier estaban basados en *sonidos*, ¡ese era el problema! Había demasiados sonidos en el idioma francés. En la sonografía, para representar una sílaba podía hacer falta una docena de puntos o más, y hasta cien puntos para representar una sola palabra.

10   Así que, en vez de sonidos, ¿qué pasaría si los signos de guiones y puntos representaran *letras del alfabeto*? Sería mucho más fácil trabajar con el abecedario.

11   Aun así, no es que Louis pudiera sencillamente asignar un punto para la *a*, dos puntos para la *b*, y así sucesivamente. De esa forma, un lector ciego tendría que contar veintisiete puntos para leer la letra *z*. Y también harían falta más puntos para los números y los signos de puntuación.

12   Pero una vez que había cambiado su planteamiento, podía por fin avanzar en su método. Para ello, inventó un sencillo código que le permitía representar cualquier letra del alfabeto dentro del espacio que ocupaba la punta de un dedo. Y al fin, a principios del curso escolar de otoño de 1824, estaba preparado para demostrar su sistema. Había trabajado en él durante tres años.

13   Primero, pidió una reunión con el director de la escuela, el Sr. Pignier. Louis se sentó en un gran sillón en frente de la mesa de trabajo de Pignier, con papel, punzón y un pequeño escritorio en su regazo; le pidió al director que escogiera un pasaje de cualquier libro que quisiera y le dijo: "Léalo despacio y con claridad, como si lo fuera a hacer para alguien vidente que tuviera que anotar todo lo que usted diga".

14   Entonces, Pignier tomó un libro del estante a su espalda, lo abrió y comenzó a leer. Louis se inclinó hacia su escritorio y comenzó a hacer puntos sobre la hoja rápidamente. Después de unas líneas, le dijo a Pignier: "Puede usted leer más rápido".

15   Cuando el director terminó de leer el pasaje, Louis pasó el dedo sobre los puntos en relieve sobre el reverso de la hoja, como si quisiera asegurarse de la fiabilidad de su método. Y entonces, sin vacilar un instante, comenzó a leer palabra por palabra de lo que había anotado, más o menos a la velocidad con que lo había hecho el Sr. Pignier.

16   El director se quedó incrédulo. Tomó otro libro del estante, escogió un pasaje y pidió a Louis que volviera a hacerle una demostración. Luego, parándose de su escritorio con un arranque de emoción, abrazó a Louis y lo felicitó por su método.

17   Al poco rato, la escuela entera bullía comentando el nuevo lenguaje de puntos en relieve de Louis. El Sr. Pignier convocó una asamblea para presentar a los estudiantes y maestros el nuevo sistema. Louis se hallaba sentado en medio de un gran salón de clases anotando con su punzón mientras uno de los maestros leía un poema en voz alta. Mientras tanto, los demás maestros videntes se inclinaban en sus sillas hacia adelante mirando la mano de Louis mientras recorría las hojas. Por su parte, los maestros y estudiantes ciegos ladeaban la cabeza prestando atención al sonido que el punzón producía al hacer los orificios.

18   Y entonces Louis se puso de pie. Se aclaró la garganta y recitó el poema, moviendo los dedos al hablar, sin que faltara palabra alguna ni cometiera un error siquiera. Al terminar, un murmullo de excitación recorrió el salón mientras todos se acercaban en torno a él.

19   Louis tan solo tenía quince años cuando demostró el primer método funcional de su sistema. Durante los años siguientes, siguió mejorando y completando su método, pero en la práctica había diseñado el alfabeto básico que abría las puertas del aprendizaje a las personas ciegas de todo el mundo.

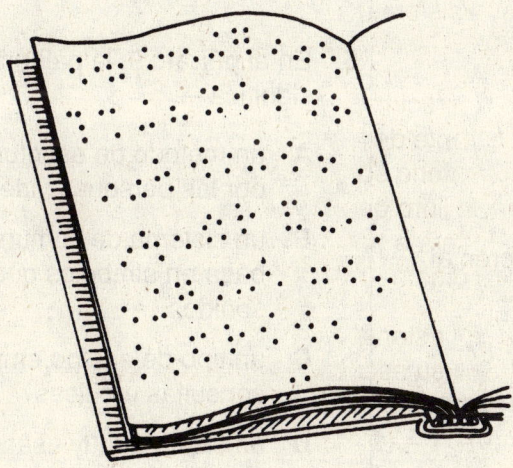

55

Grado 5: Práctica de lectura

1 ¿Qué lenguaje literario emplea el autor para mostrar lo mucho que se esfuerza Louis para encontrar una solución?

A *Imágenes de puntos y más puntos danzaban en la cabeza de Louis.*

B *Su intención era simplificar el sistema del capitán Barbier.*

C *El único sonido era la respiración de sus compañeros dormidos.*

D *Cuando pasaba la noche en vela se quedaba dormido en clase.*

TEKS 5.7

2 ¿Qué palabras de la lectura permiten comprender el significado de la palabra táctil en el párrafo 1?

F *de los dedos*

G *simplificar el sistema*

H *signo en forma de punto*

J *pudiera "leerse" rápidamente*

TEKS 5.2B

3 ¿Qué palabras del párrafo 3 se refieren al sentido del oído?

A *perdía la noción del tiempo*

B *se encontraba en el borde de la cama*

C *haciendo puntos*

D *el ruido sordo de los carromatos sobre los adoquines*

TEKS 5.7

4 Lee esta oración del párrafo 6 de la selección.

> *Luego, se sentaba en una ladera cubierta de hierba, disfrutando del sol y trabajando pacientemente haciendo puntos en las hojas.*

¿Qué le indican al lector los detalles sensoriales de esta oración?

F Indican que Louis estaba demasiado cansado para ir a jugar.

G Indican que Louis no disfrutaba de sus vacaciones.

H Indican que a Louis le gustaba trabajar a solas al aire libre.

J Indican que cerca de la casa de Louis había colinas.

TEKS 5.8

5 En el párrafo 9, la palabra sonografía significa—

A un método de escritura usado solamente por las personas videntes

B un sistema de comunicación que se basa en símbolos que representan sonidos

C un tipo de equipo empleado en las consultas médicas

D un sistema muy usado en el siglo diecinueve en Francia

TEKS 5.2A

56

6 ¿Cuál de los siguientes es el mejor resumen de esta selección?

F A pesar de tener problemas de salud, Louis Braille asistió a una escuela para invidentes que era húmeda y fría. Trabajó mucho para inventar un nuevo sistema de lectura y escritura para los invidentes. Al poco tiempo, otra gente usaba el sistema Braille.

G Louis Braille inventó un nuevo sistema de lectura y escritura para los invidentes. Su sistema estaba basado en el abecedario en lugar de en sonidos. Con el tiempo, el sistema Braille mejoró la vida de los ciegos.

H Louis Braille inventó un nuevo sistema de lectura y escritura que aún hoy emplean las personas ciegas. Louis se sentó en un gran sillón y demostró al director de su escuela el nuevo método. El director abrazó y elogió a Louis y pidió a los maestros y estudiantes que probasen el sistema Braille.

J El inventor del sistema Braille fue Louis Braille, un muchacho ciego que vivía en Francia. Su obsesión era hacer que su sistema fuese mejor que el del capitán Barbier. Louis trabajó muchísimo, incluso en vacaciones. Al final, consiguió inventar un nuevo método de lectura y escritura. Sus símbolos estaban basados en el alfabeto.

TEKS RC-5(E)

7 Observa la siguiente gráfica.

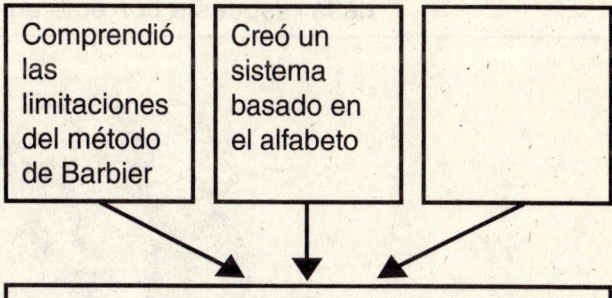

¿Qué información debe ir en el recuadro en blanco?

A De pequeño, caía enfermo a menudo

B Convenció a los demás para que probaran su sistema

C Asistió a una escuela para invidentes en Francia

D Se sentía frustrado cuando le surgían problemas

TEKS 5.7

8 Esta selección es interesante principalmente porque—

F cuenta la historia de un muchacho respetado por sus maestros y por los demás estudiantes

G relata un gran avance en la educación de las personas con discapacidades físicas

H describe la vida de los franceses a mediados del siglo diecinueve

J explica por qué las escuelas de hace tiempo eran lugares menos saludables que las escuelas de hoy día

TEKS 5.3C

ALTO

Grado 5: Práctica de lectura

Nombre _____   Fecha _____

Lectura
PRÁCTICA

TEKS 5.2B, 5.2E, 5.10,
5.11A, 5.11B, 5.11C, 5.11E,
5.14C, RC-5(D)

Lee la siguiente lectura. Después contesta las preguntas que siguen. Rellena el círculo de la respuesta correcta en tu documento de respuestas.

Hay algo en el silencio de los elefantes

por April Pulley Sayre

1   Durante quince años Katy Payne y su esposo, Roger Payne, estudiaron el canto de las ballenas en el océano Pacífico y el norte del océano Atlántico. (Christopher Clark, el científico especializado en ballenas, era uno de los estudiantes de Roger). El campamento base de los Payne para el estudio de las ballenas jorobadas era una playa remota en Argentina donde vivieron y criaron a sus hijos. Cuando los niños crecieron, Roger continuó estudiando las ballenas, pero Katy decidió que quería emprender un proyecto ella sola.

2   Katy Payne sabía que los elefantes, como las ballenas, viven en grupos familiares y tienen comportamientos complejos, así que decidió estudiarlos. Para establecer un primer contacto con los elefantes y sus vidas, programó en 1984 una semana de convivencia con los elefantes en el Parque Zoológico Washington de Portland, en el estado de Oregon. Durante esa semana, se sentó junto al área de los elefantes. Los observó y escuchó atentamente. Escuchó cómo estos barritaban, bramaban, resoplaban, gruñían y rugían cuando interactuaban unos con otros.

3   En el viaje de vuelta a casa de Oregon a Nueva York, la vibración del avión le recordó la sensación que había tenido a veces en el aire cerca de los elefantes. Era una sensación similar a la que había tenido de pequeña cuando escuchaba un órgano de viento en una iglesia. El organista tocaba notas cada vez más graves hasta llegar a un punto en el que ya no oía las notas con los oídos, pero su cuerpo se estremecía con las vibraciones. "Quizás los elefantes también emiten sonidos ocultos", pensó. "Tal vez producen infrasonidos".

58

Nombre _____ Fecha _____

Lectura
PRÁCTICA

TEKS 5.2B, 5.2E, 5.10,
5.11A, 5.11B, 5.11C, 5.11E,
5.14C, RC-5(D)

4   El infrasonido es un sonido de una frecuencia menor a veinte hercios, que es el rango mínimo que pueden oír las personas. Los sonidos de menor frecuencia solo pueden ser recibidos con facilidad por una gran superficie. El tímpano humano es muy pequeño. Sin embargo el diafragma humano, la membrana muscular por debajo de las costillas, se estremece en respuesta al infrasonido. El científico Bill Barklow dice que la sensación de infrasonido es como la que sientes cuando observas un desfile y el tambor grave pasa junto a ti y hace que tu cuerpo se estremezca.

5   Los científicos saben que el rorcual y las ballenas azules emiten infrasonidos. Pero Katy Payne fue la primera en descubrir que los animales terrestres también son capaces de emitir infrasonidos. La gente siempre se preguntaba cómo los elefantes machos y hembras podían encontrarse a través de las grandes distancias de la sabana de África. Y a veces, en las manadas, los elefantes parecían reaccionar a lo que hacían otros que se encontraban a varias millas de distancia.

6   La idea de que los elefantes "hablaran" sin que las personas los escuchasen era muy emocionante. Pero Payne no estaba segura de tener razón. Necesitaba pruebas. Entonces pidió prestados unos equipos para medir el infrasonido y volvió al zoológico junto al biólogo Bill Langbauer y su amiga Elizabeth Marshall Thomas para estudiar los sonidos de los elefantes. Pasaron un mes grabando sonidos en el recinto de los elefantes y tomando notas sobre su comportamiento.

7   Los grabadores que usaban grababan los sonidos a velocidades muy lentas. Luego los científicos podían reproducir las cintas a la velocidad normal o acelerarlas para elevar el tono de los gritos. (Ocurre lo mismo cuando reproducimos de forma acelerada la grabación de una persona, ya que suena más aguda y chillona, como una ardilla que chilla). Al elevar el tono de los gritos de infrasonido de los elefantes se produce una diferencia aun mayor. A la velocidad normal, los gritos de los elefantes tienen un tono tan bajo que la gente no puede oírlos pero, al acelerarlos, los sonidos se oyen claramente.

8   Cuando el equipo regresó a casa luego de un mes de grabar los sonidos de los elefantes, todavía no estaba seguro de haber encontrado infrasonidos. Ya en el laboratorio, en Ithaca, Payne y el biólogo Carl Hopkins conectaron las grabaciones a un espectrógrafo, que tradujo los sonidos a puntos y rayas y crearon espectrogramas iguales a las imágenes de sonidos que Christopher Clark usa en sus estudios de ballenas. Payne reprodujo una parte de una grabación aparentemente silenciosa que había realizado al sentir la vibración en el aire. ¡La máquina demostró que la grabación estaba repleta de gritos! Al reproducirlos a alta velocidad, los gritos de infrasonido parecían vacas mugiendo. Era la primera vez que alguien escuchaba esta comunicación de los elefantes. Payne había descubierto algo extraordinario.

Grado 5: Práctica de lectura

© Houghton Mifflin Harcourt Publishing Company

Descifrar el código

9   Desde que descubrió el infrasonido de los elefantes hace dieciséis años, Payne ha continuado investigando los gritos de los elefantes en zoológicos y en la naturaleza. Creó el "Proyecto para escuchar a los elefantes" en el programa de investigación bioacústica del laboratorio de ornitología de la Universidad de Cornell. Como parte de su investigación, Payne se ha pasado años analizando cintas y grabaciones de video para descubrir qué elefante emite cada grito. No es fácil saber qué elefante está gritando. Los elefantes no necesariamente abren la boca o mueven las orejas cuando emiten un grito. Y no siempre se mueven cuando escuchan algo.

10   Payne también observa los videos para ver qué hacían los elefantes mientras emitían un grito. Junto con otros científicos quiere crear un "diccionario de elefantes" para establecer qué significa cada grito. Es un desafío muy grande. Los gritos infrasónicos de los elefantes pueden viajar muchas millas. Un científico puede observar a los elefantes de cerca y buscar las reacciones a los gritos, pero las reacciones más interesantes pueden ser las de un elefante a muchas millas de distancia, fuera del alcance de la vista del investigador. "Saber de qué tratan estas comunicaciones es doblemente difícil", dice Payne.

11   A pesar de todo, los científicos ya han comenzado a descifrar algunos gritos. El barrito, ese sonido fuerte y agudo que producen los elefantes, se usa cuando están emocionados, cuando juegan, pelean o están alarmados por la presencia de un depredador como el león. Las elefantas madres emiten un grito especial cuando están cerca de los recién nacidos. Cuando las hembras quieren atraer a los machos emiten un grito de tono grave que puede durar hasta cuarenta y cinco minutos.

12   "Estamos comenzando a comprender lo que se dicen unos a otros... ya podemos sacar algunas conclusiones. Es muy emocionante", dice Payne.

Invitación a una conferencia científica sobre los elefantes

Fecha y lugar: 25 de enero de 2013 en el Parque de los elefantes

Los directores de la conferencia admiten actualmente informes de investigación sobre un amplio espectro de temas.

Entre las áreas de interés se encuentran: administración de flora y fauna; poblaciones de elefantes en peligro de extinción; comunicación entre elefantes; cuidado de emergencia para elefantes heridos.

Si trabajas en la investigación sobre elefantes y te gustaría acompañarnos en la conferencia, ponte en contacto con nosotros a través de:

www.elephanttalk/news

SIGUE

Nombre _____ Fecha _____

Lectura
PRÁCTICA

TEKS 5.2B, 5.2E, 5.10, 5.11A,
5.11B, 5.11C, 5.11E, 5.14C,
RC-5(D)

1 La autora organiza los párrafos 1 a 3 mediante—

  A la descripción de cómo Katy Payne se interesó en el estudio de la comunicación entre elefantes

  B la comparación de las ballenas jorobadas de Argentina con los elefantes de Estados Unidos

  C la explicación de por qué Katy Payne necesitaba emprender su propia investigación sobre animales

  D una lista de varios tipos de sonidos inusuales producidos por los elefantes de un zoológico

TEKS 5.11C

2 La autora probablemente escribió esta selección para—

  F compartir información sobre un descubrimiento científico interesante

  G entretener al lector con datos divertidos sobre animales salvajes

  H convencer a los estudiantes de que estudien a fondo la comunicación entre los animales

  J enseñar a los lectores la importancia de hallar un trabajo valioso

TEKS 5.10

3 En el párrafo 3, ¿qué palabra ayuda al lector a comprender lo que significan las <u>vibraciones</u>?

  A *aire*

  B *estremecía*

  C *ocultos*

  D *sonidos*

TEKS 5.2B

4 Observa la gráfica de abajo. ¿Qué detalle debe ir en el recuadro en blanco?

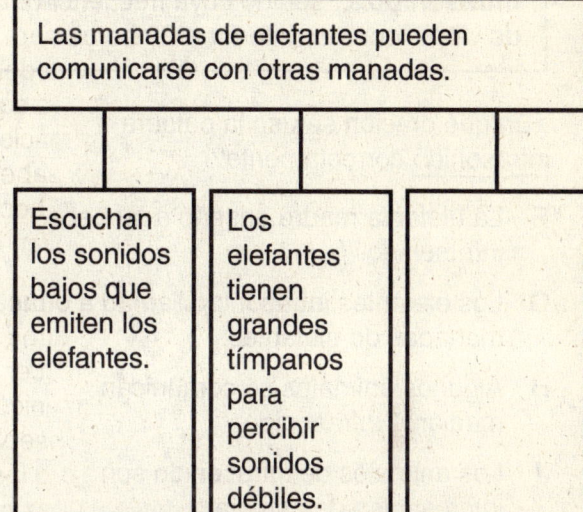

Las manadas de elefantes pueden comunicarse con otras manadas.

| Escuchan los sonidos bajos que emiten los elefantes. | Los elefantes tienen grandes tímpanos para percibir sonidos débiles. | |

  F Los elefantes producen sonidos infrasónicos.

  G Los elefantes a veces se mantienen en zoológicos.

  H Los elefantes viven en grupos familiares.

  J Los elefantes se encuentran principalmente en África.

TEKS RC-5(D)

5 ¿Qué recurso usarías para comprobar la información del párrafo 8?

  A los últimos artículos sobre los infrasonidos de los elefantes

  B un artículo biográfico sobre Christopher Clark

  C un libro reciente sobre ballenas y delfines

  D una página de Internet para gente que quiere proteger a los elefantes

TEKS 5.11B

SIGUE

Grado 5: Práctica de lectura

Nombre _____ Fecha _____

Lectura
PRÁCTICA

TEKS 5.2B, 5.2E, 5.10, 5.11A,
5.11B, 5.11C, 5.11E, 5.14C,
RC-5(D)

6 Observa la entrada de glosario de abajo.

> **infrasonido** *s.*, sonido cuya frecuencia de vibraciones es inferior a 20 hercios

¿En qué oración se usa la palabra infrasonido correctamente?

F La elefanta madre enseñó a su bebé infrasonido.

G Los elefantes infrasonido llaman a otras manadas de elefantes.

H Algunos animales se comunican mediante infrasonido.

J Los animales de infrasonido son interesantes de estudiar.

TEKS 5.2E

7 ¿De qué manera la inclusión de los ejemplos de las notas graves de los órganos de viento y el movimiento de un avión ayudan al lector a entender mejor este artículo?

A Cada uno ha sido objeto de estudio de la científica Katy Payne.

B Cada uno solo puede detectarse registrándolo a una velocidad sumamente lenta.

C Cada uno emplea un rango de sonido que solo puede escucharse cuando se reproduce en una grabadora.

D cada uno produce vibraciones que se pueden sentir, pero el oído humano apenas las oye con claridad.

TEKS 5.11E

8 ¿Qué información importante aparece en la sección **Descifrar el código**?

F cómo funciona un espectógrafo

G cómo se parecen los sonidos emitidos por las vacas y los elefantes

H cómo estudió Christopher Clark los sonidos de las ballenas

J cómo Payne aprendió a interpretar los sonidos de los elefantes

TEKS 5.11A

9 El escritor de la invitación sobre la conferencia científica de 2013 cree que—

A muchas personas estudian los problemas de los elefantes

B es demasiado tarde para resolver los problemas de los elefantes en su hábitat natural

C compartir información acerca de los elefantes ayudará a esos animales

D ya tenemos suficiente información sobre los elefantes

TEKS 5.14C

Grado 5: Práctica de lectura

Nombre _____ Fecha _____

Lectura
PRÁCTICA

TEKS 5.2A, 5.2E, 5.3C,
5.5, 5.6A, 5.6B, 5.8,
RC-5(D), RC-5(E)

> **Lee la siguiente obra de teatro. Después contesta las preguntas que siguen. Rellena el círculo de la respuesta correcta en tu documento de respuestas.**

Una vida llena de aventuras

Elenco de personajes: *PAPÁ, SELENA, EL TÍO FRANK, PAULINA, VOZ DEL ASTRONAUTA NEIL ARMSTRONG*

ACTO I

Escena 1 (*Escenario: Las luces iluminan el patio de recreo de una escuela primaria de Houston. Paulina está jugando a la rayuela. Selena, la hermana gemela de Paulina, entra por el lado derecho y empieza a trepar por las barras de gimnasia.*)

1   **SELENA:** (*Gritando de un lado al otro del patio.*) ¡Eh, Paulina! ¡Ven y sube conmigo a la estación espacial!

2   **PAULINA:** (*Dejando de jugar de mala gana y atravesando el patio hasta las barras de gimnasia.*) Si no te importa, preferiría no subir hasta allá arriba. Si miro para abajo, me mareo.

3   **SELENA:** ¡Qué ridículo! Cualquiera pensaría que realmente vas a salir al espacio. ¡Sube ahora mismo, anda!

4   **PAULINA:** Está bien, pero no hasta arriba del todo. (*Empieza a subir lentamente, deteniéndose para mantener el equilibrio en las barras metálicas, mientras las luces se van apagando.*) ¡Uf! Ojalá que te gustara la rayuela.

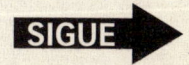

Nombre _____ Fecha _____

Lectura
PRÁCTICA

TEKS 5.2A, 5.2E, 5.3C,
5.5, 5.6A, 5.6B, 5.8,
RC-5(D), RC-5(E)

Escena 2 (*Escenario: Las luces iluminan la sala de una casa. Papá y el tío Frank están sentados frente a un pequeño televisor.*)

5   **PAPÁ:** Recordaremos la fecha de hoy toda la vida. Las 10 de la noche del 20 de julio de 1969. El día en que vimos por primera vez a un ser humano caminando en la Luna.

(*Paulina y Selena entran por la derecha.*)

6   **SELENA:** (*Con los brazos en jarra*) Podríamos haber estado mirando esto esta noche en la casa del tío Frank, Paulina, en un televisor más grande. Solo que tú nunca quieres ir a ningún lado, ¡así que él tuvo que venir aquí!

7   **TÍO FRANK:** (*A Selena*) No es nada. Estoy contento de haber venido. (*A papá*) ¡No puedo creer lo que estamos viendo! Realmente han aterrizado en la Luna.

8   **PAPÁ:** Miren, niñas. Están a punto de ver un hecho histórico.

9   **PAULINA:** (*Echándose el cabello para atrás*) ¿Y qué si me gusta quedarme en casa, Selena?

10   **SELENA:** Nunca quieres hacer nada nuevo. Ni comer nada diferente. (*Imitando la voz de su hermana*) "Yo solo como mantequilla de cacahuates en el almuerzo y macarrones con queso en la cena". Yo no soy como tú. Me gusta vivir aventuras. Es aburrido quedarse siempre en casa. (*Paulina se sienta en el sofá; Selena se sienta en el suelo, lejos de su hermana*).

11   **PAPÁ:** Pienso que si se callaran por un ratito, Selena, vivirías una gran aventura aquí mismo, en la sala de casa.

12   **TÍO FRANK:** Siempre pensé que dos gemelos se llevarían bien.

13   **PAULINA:** Nosotras nos llevamos bien. Solo que no nos parecemos.

14   **SELENA:** Paulina debería probar cosas nuevas de vez en cuando.

15   **PAPÁ:** Escuchen. Está hablando el astronauta Neil Armstrong.

16   **VOZ DE NEIL ARMSTRONG** (*Desde el televisor*) Estoy en el primer peldaño de la escalerilla. Los soportes del módulo lunar están solo una pulgada o dos hundidos en la superficie. Es como un polvillo. Ahora voy a bajar de las escalerillas.

17   **SELENA:** (*Señalando con mucho entusiasmo.*) Miren, ¡está caminando junto a los cráteres de la luna! ¿Qué sentirá? ¡Con lo profundos que son! ¿Se imaginan?

18   **PAULINA:** Se me ocurre que debe dar miedo.

SIGUE

Grado 5: Práctica de lectura

© Houghton Mifflin Harcourt Publishing Company

19   **SELENA:** Él está muy lejos de casa. ¿Se imaginan? ¿Descender sobre vaya a saber qué cosa polvorienta que ningún ser humano ha visto jamás?

20   **PAULINA:** Verdad. Debe de ser increíble. Y Armstrong está en el lado más frío de la Luna.

21   **SELENA:** Papá, ¿qué pasa si se les descompone la nave? ¿Alguien los podría ayudar?

22   **PAPÁ:** Seguramente ya pensaríamos en alguna forma de ayudarlos.

23   **TÍO FRANK:** ¡Miren! ¡Lo logró! Bajó de la escalerilla y está pisando la Luna.

24   **VOZ DE NEIL ARMSTRONG:** (*Desde el televisor*) Es un pequeño paso para un hombre, pero un salto gigantesco para la humanidad.

25   **PAULINA:** (*Aplaudiendo con entusiasmo*) ¿Se dan cuenta? Puede alzar la cabeza y ver la Tierra en el cielo. Nunca nadie pudo hacer eso antes.

26   **VOZ DE NEIL ARMSTRONG:** (*Desde el televisor*) Todo esto es de una belleza muy agreste, como los grandes desiertos estadounidenses. Es extraño, pero también es muy bello.

27   **PAULINA:** A mí me gusta el desierto, Selena. ¿Te acuerdas cuando fuimos al Parque Nacional Big Bend?

28   **SELENA:** (*En voz baja*) Todo ese espacio abierto me hizo sentir tan pequeña. Me dio un poco de miedo.

(*Paulina se sienta en el suelo, junto a Selena, y la abraza.*)

29 **PAULINA:** A mí me gustó.

(*Selena y Paulina se miran. Luego se echan a reír.*)

ACTO II

Escena 1 (*Escenario: Doce años después. Papá y Selena están sentados a la mesa de la cocina.*)

30   **SELENA:** (*Mirando el reloj de pared*) Me pregunto por qué tarda tanto. No es para nada su estilo. Paulina siempre es puntual.

31   **PAPÁ:** Tal vez se retrasó su vuelo. A propósito, ¿cómo va *tu* trabajo?

32   **SELENA:** Va bien. Me gusta ayudar a otras personas a encontrar empleo. Y disfruto hablando con la gente sobre sus metas. Pienso que escogí la carrera correcta.

Nombre _____ Fecha _____

Lectura
PRÁCTICA

TEKS 5.2A, 5.2E, 5.3C,
5.5, 5.6A, 5.6B, 5.8,
RC-5(D), RC-5(E)

33   **PAPÁ:** Entonces, todo está bien. ¿Te parece que empecemos a preparar la cena? Tal vez para la hora en que esté lista, Paulina ya esté aquí.

34   **SELENA:** ¡Claro! Quisiera probar una nueva receta con chiles.

35   **PAPÁ:** Te has convertido en una gran cocinera. (*Papá sonríe, como recordando algo del pasado. Las luces se apagan mientras padre e hija empiezan a preparar la cena.*)

Escena 2 (*En la cocina, dos horas más tarde.*)

36   **PAULINA:** (*Dejando el tenedor con un suspiro de satisfacción*) Estaba delicioso. Yo no tengo mucho tiempo para cocinar últimamente.

37   **PAPÁ:** Bueno, estás constantemente volando de aquí para allá por todo el país.

38   **SELENA:** ¿Quién habría pensado que *tú* ibas a ser la que terminara con un trabajo apasionante?

39   **PAULINA:** Me gusta ser piloto. Ningún vuelo se me hace largo, nunca. Y cuando aterrizamos y llego a conocer una nueva ciudad, realmente me encanta. Pero me gusta volver a Houston las veces que pueda.

40   **PAPÁ:** Mis dos niñas. Una con los pies siempre en la tierra … y la otra que descubrió que le gustaba el cielo.

(*Los tres empiezan a reír suavemente, recordando…*)

SIGUE

Grado 5: Práctica de lectura

Nombre _____ Fecha _____

Lectura
PRÁCTICA

TEKS 5.2A, 5.2E, 5.3C, 5.5,
5.6A, 5.6B, 5.8, RC-5(D),
RC-5(E)

1 ¿Cuál de las siguientes afirmaciones no se aplica a una obra de teatro?

A Se narra con palabras y acciones.

B Tiene un reparto de personajes.

C Incluye acotaciones escénicas.

D Se narra sin incluir diálogos.

TEKS 5.5

2 ¿Quiénes son los dos personajes principales de esta obra de teatro?

F Papá y tío Frank

G Paulina y Selena

H Selena y papá

J Neil Armstrong y tío Frank

TEKS 5.6B

3 ¿Qué suceso presenta el problema por primera vez?

A Selena insiste en que Paulina trepe por las barras de gimnasia.

B Selena no quiere sentarse en el sofá con Paulina.

C Papá quiere que las niñas miren el alunizaje.

D Tío Frank no quiere que las gemelas se peleen tanto.

TEKS 5.6A

4 ¿Qué puede inferir el lector acerca de una obra de teatro?

F Una obra de teatro tiene un solo escenario.

G Las obras de teatro no tienen un argumento basado en sucesos.

H Las escenas de una obra de teatro son como los capítulos de un libro.

J En una obra de teatro hay pocos personajes y a veces ninguno.

TEKS 5.5

5 Mira la siguiente entrada de un glosario.

lunar: *adj.,* relativo o similar a la Luna

¿En cuál de las siguientes oraciones se usa correctamente la palabra lunar?

A La superficie lunar tiene muchas áreas rocosas.

B La nave espacial se dirigió directamente hacia el lunar.

C Yo miro con frecuencia las estrellas y el lunar.

D El mes pasado, nuestra clase estudió los lunares.

TEKS 5.2E

SIGUE

Nombre _____ Fecha _____

Lectura
PRÁCTICA

TEKS 5.2A, 5.2E, 5.3C, 5.5,
5.6A, 5.6B, 5.8, RC-5(D),
RC-5(E)

6 Mira esta red de detalles sensoriales tomados de la obra de teatro.

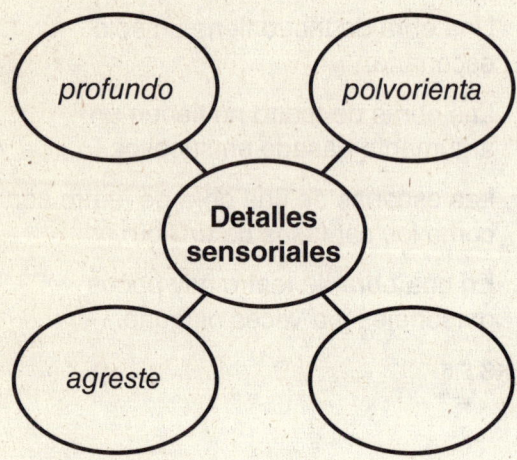

¿Qué palabra completa la red de detalles sensoriales?

F *pulgada*

G *se descompone*

H *frío*

J *desierto*

TEKS 5.8

7 Cuando Neil Armstrong dijo, "Es un pequeño paso para un hombre, pero un salto gigantesco para la humanidad", lo que quiso decir era que—

A él sólo había dado unos pasitos en la superficie de la Luna

B la nave había saltado al espacio

C el alunizaje significaba un gran progreso

D mucha gente había participado en su vuelo espacial

TEKS RC-5(E)

8 La reacción de Selena al alunizaje demuestra que ella—

F hubiese deseado ser astronauta

G no siempre se siente aventurera

H piensa que su hermana es una tonta

J no se interesa realmente en las misiones espaciales

TEKS RC-5(D)

9 En el párrafo 32, la palabra <u>empleo</u> significa:

A buscar un trabajo

B ofrecerle trabajo a alguien

C un puesto estable

D capaz de mantener un buen puesto

TEKS 5.2A

10 ¿Qué efecto tuvo el alunizaje en el tema de esta obra de teatro?

F Ver el alunizaje ayudó a que el país se llenara de valor.

G El alunizaje hizo que las hermanas cambiaran de manera sorprendente.

H El alunizaje les recordó a las hermanas la importancia de la familia.

J El alunizaje ayudó a que la familia aprendiera a trabajar en equipo.

TEKS 5.3C

Grado 5: Práctica de lectura

Lee la siguiente lectura. Después contesta las preguntas que siguen. Rellena el círculo de la respuesta correcta en tu documento de respuestas.

Maestros, en el salón de clases

1   En una época en que las computadoras parecen haber tomado control del mundo, ¿realmente necesitamos maestros en los salones de clases? Después de todo, hay programas de computación que pueden enseñarnos prácticamente todo. Hay programas para aprender un idioma y para resolver problemas matemáticos. Hay cursos en línea para enseñar a estudiantes en casa. Hay muchos recursos para aprender sin la ayuda de seres humanos. Entonces, ¿necesitamos salones con sillas y escritorios? ¿De verdad, necesitamos maestros?

2   Diría que la respuesta es un categórico: "¡Sí!" Demos una mirada al papel del maestro. Un maestro no es una máquina que almacena información. Un buen maestro hace mucho más que eso. Tener conocimientos es importante, claro está. Los maestros estudian muchos años. Deben pasar exámenes difíciles antes de hacerse cargo de una clase. También colaboran en las clases de maestros más experimentados antes de enseñar sus propias clases. Todos esperamos que un maestro sepa las <u>materias</u> más importantes. Sin embargo, ese es solo el comienzo de la historia.

Lectura
PRÁCTICA

TEKS 5.2A, 5.2B, 5.2E, 5.11E,
5.12A, 5.12B, RC-5(D)

3   Saber enseñar es un arte. Piensen en los mejores maestros que han tenido. ¿Qué tenía de especial esa persona? ¿Sabía qué aspectos exactamente debía repasar con sus estudiantes? ¿Parecía saber cuándo algunos estudiantes se sentían confundidos sobre alguna lección? ¿O sabía hacer interesantes todos los temas y que la palabra escrita cobrara verdadera vida? Sí, se requiere mucha comprensión y paciencia para llevar adelante una clase. Sin un verdadero maestro, un salón de clases no es más que un cuarto como cualquier otro.

4   Piensen ahora un momento en ese cuarto. Consideren todas las cosas que pasan entre esas cuatro paredes. Antes de que comience la clase, los estudiantes hablan unos con otros, llenos de entusiasmo, sobre todos los temas que les interesan. Forman amistades, se juntan en grupos y comparten noticias. Tal vez se pidan unos a otros alguna pista para hacer la tarea. Tal vez decidan con quién se sentarán durante el almuerzo. Tal vez algunos intercambien una breve sonrisa con alguien a quien les gustaría llegar a conocer más. Son los momentos de sociabilidad escolar que tienen lugar en las primeras horas del día.

5   Entonces el maestro llama la clase al orden. Es hora de estudiar. La noche anterior, los estudiantes han leído un cuento o un capítulo de historia. Ahora deben hablar sobre esa tarea. ¿Qué quiso decir en verdad el autor del cuento? ¿Cuáles son las ideas principales del capítulo de historia? Es probable que el maestro no lo diga enseguida. El maestro quiere que piensen. ¡O tal vez tenga un plan para ayudarlos a entender todas esas palabras! Ya tenemos muchas de las claves. La clase es un mapa que ayuda a llegar a algunas respuestas, ¡y a algunas preguntas interesantes que puedan surgirnos! Otro estudiante hace un <u>comentario</u> o sugerencia sobre lo que se está tratando. Quizás levantemos la mano para compartir alguna idea. ¡Caramba! Todas esa lectura está empezando a tener sentido. ¡Es divertido hacer esas conexiones!

6   Ahora consideren qué pasaría si nos sentáramos solos durante seis horas en un cuarto vacío. Delante de nosotros hay una pantalla de computadora. En esa pantalla empiezan a aparecer palabras e imágenes, y oímos que una voz nos habla. Podemos mirar esas palabras y esas imágenes todo el tiempo que queramos. Nadie nos dice que pensemos, ni que nos demos prisa, ni que participemos en una conversación. Nadie dirá: "Lo siento, pero esa no es la respuesta que esperaba". Podemos comer un sándwich mientras seguimos dándole al teclado. Podemos escuchar música o contestar el teléfono. Podemos imaginarnos que hay más gente a nuestro alrededor.

7   Pero, ¿no nos sentimos un poco solos en ese cuarto? ¿Dónde están los otros estudiantes? Parece como si estuviéramos flotando en el espacio. ¿Qué pasó con esa conversación animada, esas distintas voces confundiéndose en el salón de clases? Pero, ¿dónde *está* el salón de clases? ¿No será que realmente echaríamos de menos la escuela?

8   Así que volvamos al salón de clases tal como lo conocemos. Está el maestro, haciendo una tabla en el pizarrón, señalando las palabras más <u>significativas</u> de un capítulo. Está el maestro, moviéndose por el aula, deteniéndose a ayudar a los estudiantes que no logran sacar adelante un trabajo escrito. Digamos que estamos describiendo un momento especial en nuestra vida. El maestro ha dicho: "Escriban sobre algo que haya sido muy importante para ustedes". Uno piensa: "¿Y a quién le importa qué fue realmente importante *para mí*?" Al maestro le importa. Nos mira. Nos sonríe. Y, de pronto, sentimos que de verdad queremos escribir sobre ese momento especial. Todos los demás están escribiendo también. Se oye como un suave murmullo en el salón de clases, el rumor de nuestras mentes cuando trabajan. Es el sonido de un salón de clases.

SIGUE

1 El autor de la selección probablemente piensa que los estudiantes—

A pueden ayudarse mutuamente a aprender

B deberían sentarse en silencio en sus escritorios

C no pueden aprender nada de las computadoras

D deberían esperar que los maestros sepan todo

TEKS 5.12A

2 En el párrafo 2, la palabra <u>materias</u> significa—

F sustancias que forman los cuerpos físicos

G asuntos o temas

H lo opuesto a "espíritus"

J asignaturas en las que se divide el conocimiento para organizar la enseñanza

TEKS 5.2B

3 Algo que la enseñanza computarizada y el aprendizaje en el salón de clases tienen en común es que los dos—

A promueven las interrelaciones personales

B ayudan a los estudiantes a obtener información

C les ofrecen a los estudiantes una atención individualizada

D reconocen que los estudiantes se confunden

TEKS 5.12A

4 En el párrafo 7, ¿en qué oración el autor exagera un poco para apoyar su argumento?

F *Pero, ¿no nos sentimos un poco solos en ese cuarto?*

G *¿Dónde están los otros estudiantes?*

H *Parece como si estuviéramos flotando en el espacio.*

J *¿No será que realmente echaríamos de menos la escuela?*

TEKS 5.12B

5 En el párrafo 8, la palabra <u>significativas</u> significa—

A difíciles

B importantes

C poderosas

D extrañas

TEKS 5.2A

6 El lector puede llegar a la conclusión de que—

F no se necesitarán escuelas en el futuro

G la escuela les presta un servicio a los estudiantes

H los maestros deberían estar mejor preparados

J los maestros esperan demasiado de los estudiantes

TEKS RC-5(D)

Grado 5: Práctica de lectura

Nombre _____ Fecha _____

7 Mira el cuadro de causa-efecto de abajo.

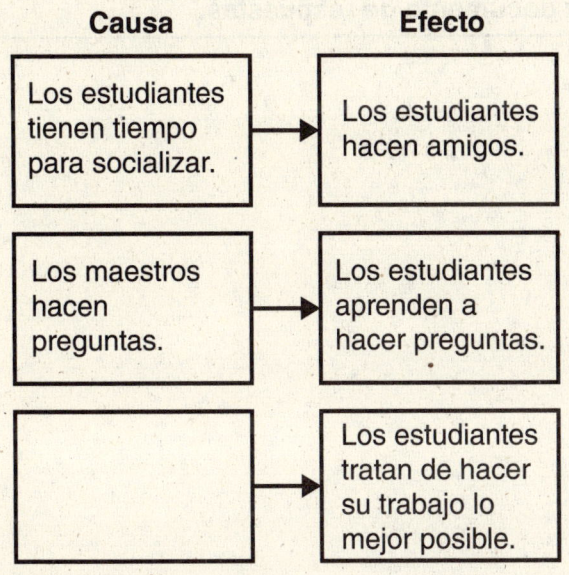

Causa	Efecto
Los estudiantes tienen tiempo para socializar.	Los estudiantes hacen amigos.
Los maestros hacen preguntas.	Los estudiantes aprenden a hacer preguntas.
	Los estudiantes tratan de hacer su trabajo lo mejor posible.

¿Qué oración escribirías en el espacio en blanco?

A Los maestros estudian mucho durante muchos años.

B Los maestros planifican sus clases.

C Los maestros ganan experiencia en el salón de clases.

D Los maestros alientan a los estudiantes.

TEKS 5.12A

8 Lee esta entrada del diccionario correspondiente a la palabra comentario.

> Entrada: **comentario**
> **Sinónimos:** aclaración, acotación, crítica, observación

¿Qué palabra sería la más apropiada para reemplazar comentario en el sentido en que se usa en el párrafo 5?

F crítica

G aclaración

H observación

J acotación

TEKS 5.2E

9 ¿Por qué la lectura compara la enseñanza computarizada con el aprendizaje en el salón de clases?

A para hacer notar el valor de los maestros

B para indicar cómo podría cambiar la educación

C para sugerir que las escuelas deberían cambiar

D para sugerir que la gente aprende de distintas maneras

TEKS 5.11E

ALTO

Grado 5: Práctica de lectura

Lee el siguiente poema. Después contesta las preguntas que siguen. Rellena el círculo de la respuesta correcta en tu documento de respuestas.

Fútbol el sábado

por Jorge Domínguez

1   Cada mañana a la hora del recreo
    convertíamos el patio de la escuela
    en una cancha. Jugábamos
    hasta que el <u>timbre</u> anunciaba
    la hora de regresar a clases.

6   El recreo era una fiesta diaria;
    a nadie le importaba quién ganaba
    o quién perdía, solo queríamos
    correr tras el balón, reír bajo el sol
    de los primeros días del otoño.

11 Pero los sábados el fútbol era diferente,
    era un asunto de vida o muerte.
    Solo importaba ganar, ganar a toda costa.

14 A nadie, sin embargo,
    le regalan las victorias:
    mi equipo estaba
    en el sótano y yo no había
    siquiera visitado con un gol
    la portería rival
    en toda la campaña.

21 Mi hermano Rafael decía:
    "Eres el peor delantero
    del peor equipo. Deberían
    darte un trofeo… muy feo".

25 Ha pasado tanto tiempo,
  que apenas recuerdo
  las derrotas numerosas
  o los escasos triunfos
  de nuestro <u>inepto</u> equipo;
  pero el último partido
  lo tengo bien guardado
  en la memoria.

33 Jugamos contra los Bucaneros
  que iban empatados en la cima.
  Salimos a la cancha
  como si hubiéramos entrado
  a la consulta del dentista.
  Carlos, nuestro entrenador,
  al ver el miedo y la derrota

40 en nuestras caras,
  nos salió al paso:
  "Muchachos, es el último
  partido de este año.
  Si ganamos,
  todo el invierno
  sentirán en sus labios
  el sabor de esta victoria".

48 Jamás he visto
  jugar a nadie
  con la desesperación
  de aquella tropa.
  Hicimos con el corazón
  lo que nunca podríamos
  haber hecho con las piernas.

55 Sin embargo, casi al final
  seguíamos empatados a cero
  como si todo aquel esfuerzo
  no hubiera servido para nada.

SIGUE

59   Entonces vino
    el cabezazo de mi vida.
    A Rafa le tocó
    disparar desde la esquina:
    todos saltamos deseando
    tocar el cielo.

65   Un rival, un verdadero titán,
    que me doblaba
    en fuerza y estatura,
    me lanzó contra la portería.
    Allí mi cabeza, sin saberlo,
    se reunió con el balón.

71   Caí contra la hierba,
    desde el suelo,
    traté de alzar la vista
    para ver qué había sucedido,
    por qué gritaban todos.

76   No lo logré, ya me aplastaba
    una masa pegajosa de plomo
    de cuerpos sudorosos y agotados.

79   Y entonces me di cuenta:
    mi cabeza, sin saberlo,
    había puesto aquel balón dichoso
    en la red de la victoria
    que yo hasta entonces
    jamás había visitado.

76

Grado 5: Práctica de lectura

1 Lee esta entrada del diccionario correspondiente a la palabra <u>timbre</u>.

> **timbre** *Sust.* **1.** modo en que suena un instrumento **2.** cualidad de la voz **3.** sello **4.** aparato eléctrico de llamada

¿Qué definición se ajusta más a la forma en que se emplea la palabra <u>timbre</u> en el verso 4?

A la definición 1

B la definición 2

C la definición 3

D la definición 4

TEKS 5.2E

2 En los versos 7 y 8, el poeta usa las palabras *quién ganaba/quién perdía/ queríamos* para—

F crear un patrón de sonidos

G dar información

H comparar dos cosas similares

J describir su estado de ánimo en ese momento

TEKS 5.4

3 ¿Qué palabras ayudan al lector a comprender lo que significa <u>inepto</u> en el verso 29?

A *tanto tiempo*

B *apenas recuerdo*

C *último partido*

D *derrotas numerosas*

TEKS 5.2B

4 En los versos 36 y 37, las palabras *como si hubiéramos entrado a la consulta del dentista* significan que—

F tenían cita con el dentista

G tenían miedo

H tenían dolor de muelas

J querían ser valientes

TEKS RC-5(D)

5 Observa esta red de imágenes del poema.

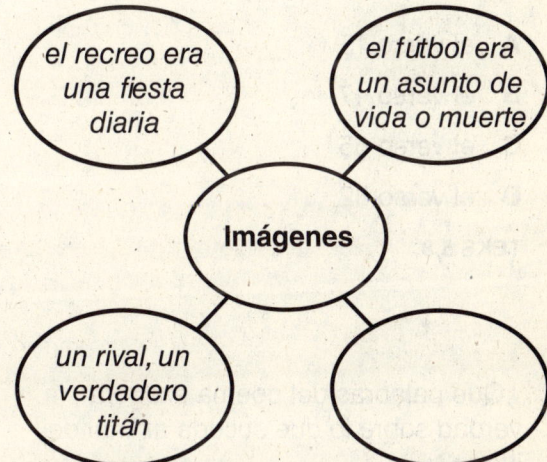

¿Qué grupo de palabras completa mejor la red de imágenes?

A *salimos a la cancha*

B *todos saltamos deseando tocar el cielo*

C *seguíamos empatados a cero*

D *me lanzó contra la portería*

TEKS 5.8

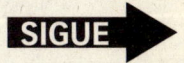

Grado 5: Práctica de lectura

6 ¿Cómo se siente el narrador del poema cuando descubre que ha marcado el gol de la victoria?

   F decepcionado

   G sorprendido

   H feliz

   J seguro de sí mismo

TEKS RC-5(D)

7 ¿Qué verso del poema contiene lenguaje figurado para hacer una comparación?

   A el verso 15

   B el verso 47

   C el verso 65

   D el verso 82

TEKS 5.8

8 ¿Qué palabras del poema exageran la verdad sobre lo que sucede al final del juego?

   F *muchachos, es el último partido de este año*

   G *seguíamos empatados a cero*

   H *caí contra la hierba*

   J *entonces vino el cabezazo de mi vida*

TEKS 5.8

9 ¿Cuál de los siguientes es el mejor resumen de este poema?

   A Al narrador del poema le gusta jugar al fútbol. Juega en el patio de la escuela durante la hora del recreo y todos los sábados. El equipo con el que juega el sábado no es muy bueno y está en la última posición. Pero llega el día del último partido contra los Bucaneros, que está empatado en la cima y, gracias a las palabras alentadoras del entrenador, juegan como nunca y ganan con un gol de cabeza.

   B El narrador del poema recuerda un partido de fútbol en el que había participado cuando era joven. Su equipo era malísimo, pero lograron ganar con un gol de cabeza.

   C Al narrador del poema le gusta jugar al fútbol. Juega en el patio de la escuela durante la hora del recreo y todos los sábados. El equipo con el que juega el sábado no es muy bueno. Pero llega el día del último partido contra los Bucaneros, que está empatado en la cima, y ganan con un gol de penal.

   D El narrador del poema describe su experiencia durante un partido de fútbol de su niñez. Su equipo había sufrido muchas derrotas, pero en el día del último partido contra los Bucaneros, aunque sentían mucho miedo, lograron meter un gol.

TEKS RC-5(E)

Nombre _____ Fecha _____

Lectura
PRÁCTICA

TEKS 5.2B, 5.2E, 5.11A,
5.11E, 5.13A, 5.13B, RC-5(D),
RC-5(E), RC-5(F)

**Lee las dos lecturas siguientes. Después contesta las preguntas que siguen.
Rellena el círculo de la respuesta correcta en tu documento de respuestas.**

Mae Jemison

por Elizabeth Raum

1   *Cuando era una niña, en Chicago, Mae Jemison soñaba con viajar al espacio. Cuando se graduó de la carrera de medicina, ese sueño empezó a convertirse en realidad.*

2   En 1985, la Dra. Jemison volvió a Los Ángeles para ejercer la medicina. Por las tardes, asistía a la universidad para estudiar ingeniería biomédica. Aunque tenía mucho trabajo como médica y también seguía estudiando, no olvidaba su sueño de viajar al espacio. En octubre, llenó una solicitud para ingresar al programa de capacitación de astronautas de la NASA. Lo mismo hicieron otras 2,000 personas.

3   En los comienzos de los vuelos espaciales, todos los astronautas habían sido pilotos militares. En la década de 1970, la NASA se dio cuenta de que también necesitaban científicos —llamados especialistas de misión— para enviar al espacio. Los especialistas de misión ayudan con el mantenimiento cotidiano del trasbordador espacial y también desarrollan experimentos científicos. Algunos de los especialistas de misión eran mujeres y algunos eran hombres afroamericanos. Pero no había mujeres astronautas afroamericanas. La Dra. Jemison quería ser la primera.

4   En junio de 1987, la Dra. Jemison recibió la noticia de que era una de las quince personas elegidas para empezar su capacitación como astronauta. Los oficiales de la NASA le pidieron que no lo comentara con nadie, hasta el día siguiente, en que sería anunciado en las noticias. Pero Jemison estaba demasiado contenta para guardar el secreto. Así que le dijo a Sneeze, su gato, que pronto se mudarían a Houston para empezar su entrenamiento como astronauta. Sneeze no se lo dijo a nadie.

5   La Dra. Jemison se mudó a Houston y comenzó el año de capacitación. Aprendió todo lo que necesitaba saber sobre el trasbordador espacial y la historia de la aviación. También tomó clases de meteorología, geología y astronomía. Aprendió buceo, estrategias de sobrevivencia en la naturaleza y salto en paracaídas. Como aspiraba a ser una especialista de misión dedicada a desarrollar experimentos científicos, también aprendió todo lo que pudo sobre la vida diaria en el trasbordador.

SIGUE

Grado 5: Práctica de lectura

Lectura
PRÁCTICA

TEKS 5.2B, 5.2E, 5.11A,
5.11E, 5.13A, 5.13B, RC-5(D),
RC-5(E), RC-5(F)

6   Para experimentar la ausencia de gravedad, los participantes en el programa de entrenamiento para ser astronautas volaban en un jet especial, el KC-135. El aeroplano volaba hasta cierta altura y luego bajaba de manera súbita. Durante 20 o 30 segundos, los participantes flotaban en el aire exactamente como les sucedería en una misión verdadera. Esto les daba la oportunidad de practicar cómo moverse, comer, beber y trabajar en un entorno en el que la gravedad no los mantendría aferrados al piso.

7   La Dra. Jemison recibió su título de astronauta en agosto de 1988. Como especialista de misión, empezó a trabajar en el Centro Espacial Johnson, donde pasó un año colaborando con otras misiones mientras esperaba aquella en la que volaría ella misma. En 1989, fue destinada al trasbordador espacial más nuevo, el *Endeavour*. Su misión, *STS-47 Spacelab J,* debía salir al espacio en septiembre de 1992. La doctora se dedicó a entrenarse junto a otros seis miembros de la tripulación. El 12 de septiembre de 1992, los siete miembros abordaron el *Endeavour*. Cuando salió al espacio, Mae Jemison sonrió. Le encantaba la sensación de ingravidez y no se sintió mal en absoluto.

Grado 5: Práctica de lectura

Lectura
PRÁCTICA

TEKS 5.2B, 5.2E, 5.11A,
5.11E, 5.13A, 5.13B, RC-5(D),
RC-5(E), RC-5(F)

8   La Dra. Jemison pasó su estadía en el espacio trabajando en experimentos científicos. Uno de ellos consistió en probar nuevas formas de ayudar a los astronautas a superar los síntomas que pudiera ocasionarles vivir en el espacio. Otro consistió en analizar qué cambios sufren los huesos humanos en el espacio. También hizo experimentos con huevos de ranas, para ver si se desarrollaban en un ambiente con gravedad cero. Los astronautas trabajaban en turnos de doce horas. Cuando la Dra. Jemison no estaba durmiendo o trabajando, miraba la Tierra, la Luna y las estrellas por las ventanillas del trasbordador.

9   El *STS-47 Spacelab J* orbitó la Tierra 127 veces y estuvo en el espacio durante 8 días. Aterrizó el 20 de septiembre de 1992. A la Dra. Jemison la esperaban amigos y familiares para darle la bienvenida. Muchos periodistas y reporteros de la televisión y la radio le hicieron preguntas, y compartió con ellos su entusiasmo por los vuelos espaciales. Cuando la doctora cumplió 36 años, la ciudad de Chicago organizó una celebración de seis días en su honor. La Dra. Jemison habló en la que había sido su escuela secundaria y les dijo a los estudiantes que siempre trataran de cumplir sus sueños.

Juntando polvo de estrellas

por John C. Waugh

El 26 de abril de 1803 fue un día memorable en la historia de la astronomía. Ese día, un meteorito que cayó cerca de L'Aigle, en el norte de Francia, dejó en el suelo miles de fragmentos muy fáciles de recoger. Antes de este hecho, la gente que decía haber visto caer piedras del cielo era tomada por loca —o casi—, pero después de los sucesos de L'Aigle, la investigación de meteoritos se transformó en una actividad respetable. Desde entonces, los científicos han encontrado piedras que <u>sospechan</u> que

SIGUE

Grado 5: Práctica de lectura

Nombre _____ Fecha _____

Lectura
PRÁCTICA

TEKS 5.2B, 5.2E, 5.11A,
5.11E, 5.13A, 5.13B, RC-5(D),
RC-5(E), RC-5(F)

proceden de la Luna, de Marte, del cinturón de asteroides y de la cola de cometas. Pero los meteoritos minúsculos son mucho más comunes: aproximadamente veinte toneladas de "polvo de micrometeoritos" caen a la Tierra cada día. Aquí encontrarás algunas instrucciones para llegar a recoger algo de ese polvo de estrellas.

Materiales necesarios:

imán
bolsa de plástico
papel blanco
lupa o microscopio

Pasos a seguir:

1. Pon el imán dentro de la bolsa de plástico. Este será tu recolector de micrometeoritos.

2. Lleva el recolector al aire libre, a un terreno sin pasto, y arrastra el recolector por el suelo. (Al aire libre se pueden encontrar micrometeoritos en cualquier lado, pero la lluvia ayuda a recoger aquellos que hayan caído sobre los techos. El agua conduce las partículas hacia las canaletas de desagüe, de modo que un buen lugar donde buscar es alrededor de las bases de las canaletas.)

3. Cuando haya muchas partículas pegadas en el exterior de la bolsa de plástico, da vuelta a la bolsa. Entonces, aunque el imán siga limpio, ya habrás recogido una buena colección de posibles micrometeoritos.

4. Vuelve adentro y sacude la bolsa de modo que las partículas caigan sobre la hoja de papel. No todas las partículas magnéticas son meteoritos. Algunas pueden ser restos de clavos, hojas metálicas y otros materiales de construcción. Examina las partículas con una lupa o un microscopio y separa las que se vean como copos chatos o como trocitos de bordes afilados. Esos probablemente sean restos oxidados. Como los micrometeoritos casi se han quemado al entrar en fricción con el aire, deben parecer como si se hubieran derretido. Algunos se verán suaves y casi esféricos, y otros se verán llenos de bultitos con las esquinas redondeadas.

Guarda los mejores en bolsas de plástico o en "cajas de insectos", o pégalos a una cartulina blanca. Tu colección entera de polvo de estrellas, esos recuerdos del espacio de billones de años de antigüedad, ¡puede que no ocupe más espacio que una estampilla de correos!

Nombre _____ Fecha _____

Lectura
PRÁCTICA

TEKS 5.2B, 5.2E, 5.11A,
5.11E, 5.13A, 5.13B, RC-5(D),
RC-5(E), RC-5(F)

Usa "Mae Jemison" para contestar las preguntas 1 a 4.

---

1 ¿Qué información del párrafo 5 dice qué hará Jemison en la misión espacial?

A La Dra. Jemison se mudó a Houston y comenzó el año de capacitación.

B La Dra. Jemison tomó clases de meteorología, geología y astronomía.

C La Dra. Jemison aprendió buceo y otras actividades para hacer al aire libre.

D La Dra. Jemison planeaba desarrollar experimentos científicos.

TEKS 5.11A

2 ¿Qué palabras del párrafo 6 ayudan a que el lector entienda qué significa la palabra gravedad?

F *volaban, altura*

G *participantes, misión*

H *practicar, entorno*

J *flotaban, aire*

TEKS 5.2B

3 Es posible deducir que los especialistas de misión a menudo son—

A expertos en un campo de la ciencia en particular

B personas que han estudiado medicina

C personas que siempre quisieron ser astronautas

D astronautas que ya han participado en varias misiones espaciales

TEKS RC-5(D)

4 ¿Cuál de los siguientes es el mejor resumen de la selección?

F Mae Jemison siempre quiso ser astronauta, pero cuando le surgió la oportunidad solo se lo anunció a su gato Sneeze. Fue una época muy buena de su vida. No se sintió mal en absoluto durante el vuelo. Cuando volvió a Tierra, fue agasajada por la ciudad de Chicago.

G Mae Jemison siempre había soñado con explorar el espacio. Sus estudios de medicina y una capacitación especial le permitieron ingresar a la NASA y participar en sus misiones espaciales. En 1992, la Dra. Jemison se sintió realmente feliz de formar parte de la tripulación del *Endeavour* como especialista de misión. Su sueño se había hecho realidad.

H Mae Jemison era una médica que quería volar en un trasbordador verdadero. Tuvo la oportunidad de hacerlo en agosto de 1988. Ella practicó cómo moverse dentro de un avión para acostumbrarse a la ingravidez. La Dra. Jemison colaboró en varias misiones y luego viajó al espacio en el trasbordador espacial *Endeavour*. Hizo muchos experimentos en el espacio.

J Mae Jemison, una médica muy capaz, fue convocada para viajar en el trasbordador espacial, *Endeavour*. Se entrenó con otros seis astronautas. Trabajó con huevos de rana durante sus vuelos. Cuando no estaba durmiendo o trabajando, miraba por las ventanillas del trasbordador. Ella, como los otros, trabajaba turnos de doce horas. Fue una época muy feliz para Jemison.

TEKS RC-5(E)

 SIGUE

Grado 5: Práctica de lectura

Nombre _____ Fecha _____

Lectura
PRÁCTICA

TEKS 5.2B, 5.2E, 5.11A,
5.11E, 5.13A, 5.13B, RC-5(D),
RC-5(E), RC-5(F)

Usa "Juntando polvo de estrellas" para contestar las preguntas 5 a 7.

5 Consulta el paso 4 de las instrucciones para recoger polvo de estrellas. ¿Por qué es importante usar una hoja de papel blanco cuando sacudes las partículas que están dentro de la bolsa de plástico?

A así las partículas no se pegan a los muebles de tu casa

B así se puede ver bien la forma de las partículas que encontramos

C así se puede limpiar el imán que usamos para juntar las partículas de metal

D así se puede vaciar y usar de nuevo la bolsa de plástico

TEKS 5.13A

6 Lee esta entrada del diccionario correspondiente a la palabra sospechar.

> **sospechar v. 1.** considerar verdadero **2.** considerar improbable **3.** pensar que alguien es culpable **4.** intuir o adivinar algo

¿Qué definición corresponde a la forma en que la palabra sospechar se usa en el párrafo 1?

F la definición 1

G la definición 2

H la definición 3

J la definición 4

TEKS 5.2E

7 Mira la tabla de abajo.

Orígenes y composición de los meteoritos

Condritas (meteoritos rocosos)	Acondritas (meteoritos rocosos)
Son del mismo material que formó los planetas. Provienen de cuerpos celestes que nunca se derritieron. Son ricas en minerales y elementos como hierro y magnesio.	Son de materiales desprendidos de cuerpos celestes más grandes (asteroides, planetas) Provienen de la corteza exterior de un cuerpo celeste más grande que se derritió y se separó en capas de corteza y núcleo interior y exterior Son ricas en minerales y elementos como hierro y magnesio

Al analizar un meteorito, ¿qué es lo más probable que los científicos puedan determinar?

A de qué capa del cuerpo celeste proviene

B de qué minerales y otros elementos está compuesto

C de qué tipo de cuerpo celeste proviene

D todas las anteriores

TEKS 5.13B

84

Grado 5: Práctica de lectura

Nombre _____ Fecha _____

Lectura
PRÁCTICA

TEKS 5.2B, 5.2E, 5.11A,
5.11E, 5.13A, 5.13B, RC-5(D),
RC-5(E), RC-5(F)

Usa "Mae Jemison" y "Juntando polvo de estrellas" para contestar las preguntas 8 a 10.

8 Lee el diagrama de abajo y contesta la pregunta que sigue.

Mae Jemison
• cuenta la historia de una astronauta
• incluye detalles sobre vuelos espaciales

Juntando polvo de estrellas
• explica un descubrimiento importante
• dice cómo podemos recoger meteoritos

¿Qué información se aplica a las dos selecciones?

F Celebran los logros de una persona famosa.

G Se refieren a temas relacionados con el espacio.

H Describen un procedimiento que los lectores pueden seguir.

J Explican la importancia de tener metas en la vida.

TEKS RC-5(F)

9 Mae Jemison muy probablemente se interesaría en—

A juntar trozos de meteoritos

B visitar el cinturón de asteroides

C visitar L'Aigle, en el norte de Francia

D reunirse con gente que tuviera una colección de trozos de meteoritos

TEKS 5.11E

10 Basándote en las dos selecciones, puedes afirmar que—

F solo las personas altamente capacitadas pueden estudiar el espacio

G no hubo ningún descubrimiento astronómico importante antes de 1803

H requiere mucho esfuerzo llegar a ser un especialista de misión de la NASA

J nuestro conocimiento del espacio ha cambiado en los últimos doscientos años

TEKS 5.11E

Escribir una composición de una página

Responder a un tema de escritura

¿Has escrito alguna vez un diario? ¿Usas el correo electrónico? ¿Escribes informes para la escuela? Probablemente hayas respondido que *sí* al menos a una de estas preguntas. De ser así, sabes que las personas emplean la escritura a diario. Por eso es importante saber escribir correctamente. Esto significa:

- Centrarse en una experiencia personal o una idea principal
- Organizar la escritura de forma lógica
- Desarrollar las ideas con detalles y ejemplos específicos

Cuando tengas que tomar una prueba, tendrás que leer las indicaciones. Estas te pedirán que escribas un relato personal o una composición expositiva de una página. Las indicaciones incluirán las reglas que debes seguir para escribir. Estas reglas son **LEE** u **OBSERVA, PIENSA** y **ESCRIBE**. Lee las indicaciones con cuidado para asegurarte de que las entiendes.

Paso 1: Planea tu composición

Es muy importante organizar tus ideas antes de empezar a escribir. Piensa en los siguientes ejemplos:

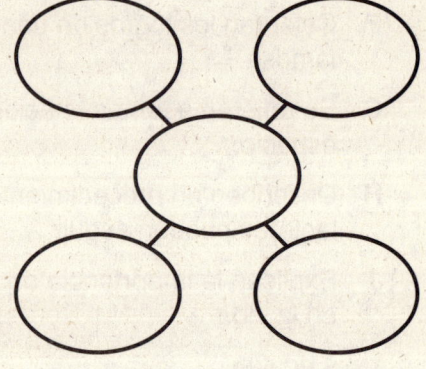

- Una indicación te pide que escribas un relato personal de una página sobre un suceso importante de tu vida. En una hoja aparte puedes dibujar una red como la que se muestra a la derecha. Escribe el suceso importante en el círculo del centro. Luego, anota las ideas y los detalles sobre los sucesos en los demás círculos. Determina qué detalles deben quedar y tacha el resto. Una vez que hayas terminado, estarás listo para escribir el primer borrador del relato personal. Tu composición no debe ocupar más de una página.

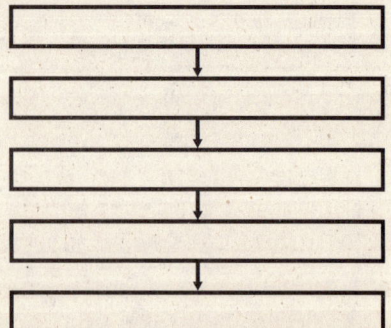

- Otra indicación te pide que escribas una composición expositiva de una página en la que expliques cómo hacer una cosa. Puedes usar un diagrama de flujo como el de la derecha. Escribe en la parte superior del diagrama la oración del tema para establecer la **idea principal**. Luego, anota los pasos o detalles de tu explicación en los recuadros del diagrama. Asegúrate de que los pasos sigan un orden lógico y estén relacionados con la idea principal. A partir de ahora estarás listo para escribir el borrador de tu composición expositiva.

SIGUE

Nombre _____ Fecha _____

Paso 2: Haz un borrador de tu composición

Puedes usar las ideas en tu organizador gráfico para escribir el primer
borrador. Tu composición debe tener un principio, desarrollo y final claros.
Desarrolla tus ideas usando detalles específicos y ejemplos adecuados.
Esto hará que resulte interesante leer tu composición. Asegúrate de volver
a leer las indicaciones del tema de escritura y comprueba que respondes
correctamente.

Paso 3: Revisa y corrige tu composición

Vuelve a leer tu borrador para asegurarte de haber respondido correctamente
a las indicaciones del tema de escritura. Luego, busca maneras para mejorar
la redacción. Por ejemplo:

- Mientras vuelves a leer el relato personal, busca las oraciones que no
  se centran en el suceso importante sobre el que escribes. Borra las
  oraciones que no se refieren al suceso y añade otras que lo hagan.

- Mientras vuelves a leer la composición expositiva, borra o rescribe las
  oraciones que no apoyen la idea principal. Comprueba que todos los
  hechos, detalles y explicaciones sean específicos y estén relacionados
  con la idea principal. Asegúrate de incluir un enunciado convincente al
  final de la composición.

- Hazte preguntas como las siguientes para cada tipo de composición:

  - ¿Cumplen un propósito todas las oraciones? Si no es así, bórralas o
    vuélvelas a escribir.

  - ¿Está cada una de las oraciones en el mejor lugar? Si no es así,
    considera cambiar su ubicación.

  - ¿Es mi escritura desigual y entrecortada? Trata de variar la longitud
    de las oraciones.

  - ¿Se lee con fluidez mi escritura? ¿Es fácil entenderla? Si no es así,
    agrega palabras de transición como *a continuación, luego, como
    resultado de*, para relacionar tus ideas de forma clara.

- Cuando escribes una composición de una página, cada una de las
  oraciones cuenta y todas las palabras son importantes. Vuelve a
  considerar la elección que haces de las palabras. Reemplaza las
  palabras demasiado corrientes con palabras más interesantes y
  descriptivas. Borra las palabras que no sean necesarias.

- Revisa el borrador en busca de errores en las convenciones del
  lenguaje. Corrige los errores de ortografía, gramática, uso de las letras
  mayúsculas y puntuación. Los errores de este tipo pueden distraer y
  confundir a los lectores.

- **Tu borrador final debe incluir todos los cambios que hayas
  realizado**. Escribe de forma clara para que los lectores puedan entender
  todas las palabras. Asegúrate de que tu composición no ocupe más de
  una página.

87

Redacción: Relato personal

TEKS 5.15B, 5.15C,
5.15D, 5.17

LEE

Lee el cuento en el recuadro de abajo.

> David quería conseguir el certificado de natación del campamento de verano. Era el único de su cabaña que no lo tenía todavía. El problema era que tenía miedo a nadar con la cabeza bajo el agua. Para ahuyentar su temor, David se entrenaba todas las mañanas en la piscina. El último día de campamento, David fue capaz de nadar toda la piscina bajo el agua. Era el mayor desafío que había vencido.

PIENSA

Piensa en alguna cosa sobre la que hayas tenido miedo de hacer.

Luego, piensa en la forma en que actuaste para enfrentarte a tus temores.

Sugerencia

Antes de escribir, haz una lista de los sucesos importantes en el orden en que ocurrieron. Usa la lista para organizar tu redacción.

ESCRIBE

Escribe un relato personal de una página sobre el mayor desafío que hayas vencido.

Mientras escribes tu composición, recuerda que debes —

❏ describir una experiencia personal: una ocasión en la que actuaste con valor.

❏ desarrollar el relato con detalles que ayuden al lector a comprender tu experiencia y sentimientos.

❏ buscar la forma de reordenar o borrar oraciones para mejorar la transición entre ellas.

❏ usar correctamente la ortografía, las letras mayúsculas, la puntuación, la gramática y las oraciones.

❏ asegurarte de no escribir más de una página.

Sugerencia

Asegúrate de que todas las palabras sean las adecuadas y las oraciones cumplan su propósito.

Nombre _____   Fecha _____

Respuesta de ejemplo: Relato personal

> Escribe un relato personal de una página acerca de lo más atrevido que hayas hecho.

La escritora comienza atrapando la atención del lector y presenta el tema.

⟶ ¿Te atreverías a trepar 50 pies en el aire sin que te diera miedo? Yo no, pero reuní el coraje para intentarlo. Fuimos de paseo con la clase a la Torre Alpina. Esta torre es una estructura para trepar de 50 pies de alto hecha con postes de teléfono. Es como una X gigante, con sogas y redes que cuelgan de ella. Recuerdo estar parada junto a la base de la torre y preguntarme si llegaría hasta la cima.

Antes de comenzar a trepar debes ponerte un casco y un arnés que se engancha a una soga. En el suelo hay un hombre que está enganchado a la misma soga y evita que te caigas. Recuerdo que cuando comencé a trepar el corazón me latía rápidamente. Mi maestro y mis amigas me miraban desde abajo y me decían dónde poner las manos y los pies para trepar más alto.

La escritora incluye detalles que describen su experiencia y sus sentimientos.

⟶ A mitad de camino me detuve porque estaba muy asustada. Me sentía como si me hubiera congelado y no podía moverme ni una pulgada. Decidí bajar. Estaba contenta porque al menos lo había intentado. Los niños que llegaron hasta arriba de todo dijeron que allí había un secreto. Espero que regresemos el año que viene. Quizás tenga el valor suficiente para ver subir y ver qué hay ahí arriba.

Respuesta de ejemplo: Relato personal

> **Escribe un relato personal de una página acerca de lo más atrevido que hayas hecho.**

Lo más atrevido que he hecho fue ir a una escuela nueva. La noche antes de empezar la escuela me costó tanto dormir me dolía el estómago. Por la mañana no podía habrir los ojos. Fui a la cocina a comer mi cereal y casi me quedo dormido ahí. ¡Paf! Una locura.

> La escritora debe mostrar transiciones claras entre ideas, oraciones y párrafos.

> La escritora debe usar oraciones de conclusión que expliquen cómo se sintió al final del primer día.

Mi mamá me llevó a la escuela. Mi autobús suele ser el numero 14. Fuimos a la oficina de la escuela y ella se fue. Todos los estudiates estaban ahí en el salón de clases. Cuando entré me miraban me empezó a doler el estómago. La maestra les dijo mi nombre y que yo era una nueva estudiante. Ella me dijo dónde sentarme. No me acuerdo mucho de mi primer día de clases pero estaba nerviosa. En la escuela nueva tengo amigas como Milly y Alicia. Son iguales que mis amigas de la otra escuela porque nos reímos y a veces hacemos bromas.

Grado 5: Relato personal

Nombre _____ Fecha _____

Redacción: Relato personal

LEE

Lee el cuento en el recuadro de abajo.

Luz acababa de entrar en la escuela cuando se acordó de que no había hecho la tarea de matemáticas. Se sintió tan preocupada que hasta habló con la profesora sobre su problema. La profesora le sugirió que hiciese la tarea durante el recreo e incluso se ofreció a ayudarla. Luz aceptó con cortesía la oferta, resolvió los problemas de matemáticas y entregó el trabajo. Luego, se prometió anotar en adelante las tareas pendientes.

PIENSA

Piensa sobre algún día en que te olvidaste de hacer algo importante. Luego, piensa en lo que sucedió como resultado de ello.

ESCRIBE

Escribe un relato personal sobre alguna vez en que te olvidaste de hacer algo importante.

Mientras escribes tu composición, recuerda que debes —

❏ pensar en una experiencia personal: la vez que te olvidaste de hacer algo importante.

❏ organizar el relato de forma que tenga principio, desarrollo y final claros.

❏ desarrollar el relato con detalles que ayuden al lector a comprender tu experiencia y sentimientos.

❏ usar correctamente la ortografía, las letras mayúsculas, la puntuación, la gramática y las oraciones.

❏ asegurarte de no escribir más de una página.

> **Sugerencia**
>
> Antes de escribir, determina cómo vas a organizar los sucesos en el relato.

> **Sugerencia**
>
> Cuando hayas terminado el borrador, trata de pensar en oraciones simples que puedas combinar para mejorar tu estilo de escritura.

Grado 5: Relato personal

Respuesta de ejemplo: Relato personal

> **Escribe un relato personal de una página acerca de una vez en que olvidaste hacer algo importante.**

El escritor organiza el relato de manera que el orden de los sucesos sea claro.

Hace unos dos meses fue la última vez que recuerde que se me olvidó hacer algo importante. Ese día estaba muy ocupado. Tenía muchas cosas que hacer y recordar. Tenía que hacer la tarea después de la escuela y también tenía entrenamiento de fútbol. Esa semana mi equipo tenía más entrenamiento de lo normal por el torneo de tres condados de la C-2.

Lo que se me olvidó fue llamar a mi abuela por teléfono y desearle un feliz cumpleaños. Al día siguiente estaba hablando con Darío y Carlos cuando de pronto lo recordé. Me di cuenta de lo que había hecho y no podía pensar en otra cosa camino a casa. Me sentía tan mal que me daban nervios llamarla. Ella nunca olvida llamarme para mi cumpleaños, pero yo olvidé el suyo. Olvidarse de un cumpleaños es un error terrible porque solo es especial ese mismo día.

El escritor incluye un final que da un cierre al cuento y vuelve a tocar el tema.

Cuando hablé con mi abuela por teléfono me sentí mejor. Ella se rió y dijo que no me preocupara. No sonaba para nada triste. Dijo que había tenido muchos cumpleaños y que le alegraba hablar conmigo. Espero que nunca nunca más se me olvide el cumpleaños de mi abuela.

Nombre _____ Fecha _____

Respuesta de ejemplo: Relato personal

> **Escribe un relato personal de una página acerca de una vez en que olvidaste hacer algo importante.**

Una vez olvidé darle de comer al gato de los becinos todo un día. Los Díaz me pidieron que le diera de comer a su gato el fin de semana porque ellos se iban de viaje. Yo dije que lo haría ningún problema. Querían que llenara el tazón de comida y el tazón de agua del gato por la mañana del sábado y del domingo.

El sábado por la mañana lo hice muy bien. El domingo por la noche cenábamos espaguetis. Mi mamá dijo ¿Alimentaste al gato esta mañana? Yo dije ¡Uy, no! Mi mamá no estaba nada contenta. Ya estaba oscureciendo y fui a la casa de los Díaz y el gato comenzó a Maullar muy fuerte. Seguramente tenía hambre. Los tazones estaban vacíos. Cuando volví a casa mi madre me dijo que debía decirle a los Díaz lo que había ocurrido.

El escritor incluye detalles que no apoyan a la idea principal.

El escritor no usa correctamente la puntuación en los diálogos y esto puede confundir al lector.

Grado 5: Relato personal

Redacción

TEKS 5.15B, 5.15C, 5.15D,
5.18A(i), 5.18A(ii),
5.18A(iii), 5.18A(iv)

Redacción: Escritura expositiva

LEE

Lee la cita en el recuadro de abajo.

> "Dentro de veinte años te sentirás más decepcionado por las cosas que no llegaste a hacer que por las que hiciste. Así que, suelta amarras y aléjate de lo seguro. Navega con ayuda de los vientos alisios. Explora. Sueña. Descubre lo desconocido." – Mark Twain

PIENSA

Mark Twain, cuyo nombre real fue Samuel Clemens, trabajó al mando de un buque de vapor por el río Mississippi antes de convertirse en famoso escritor. En esta cita, anima a los demás a seguir sus sueños hasta los confines de la tierra.

Piensa en un lugar lejano que te gustaría visitar. Luego, piensa en las razones por las que te gustaría explorar ese sitio.

Sugerencia

Comienza con una introducción que presente tu idea principal y cautive la atención de la audiencia.

ESCRIBE

Escribe una redacción de escritura expositiva que explique por qué te gustaría explorar un determinado lugar.

Sugerencia

Asegúrate de que empleas diversas estructuras de oraciones.

Mientras escribes tu composición, recuerda que debes —

❏ pensar en la idea principal: el lugar que te gustaría explorar, y por qué.

❏ organizar la redacción para que las ideas clave aparezcan de forma clara para tu audiencia.

❏ desarrollar tu idea principal mediante el uso de hechos, detalles y explicaciones.

❏ usar correctamente la ortografía, las letras mayúsculas, la puntuación, la gramática y las oraciones.

❏ asegurarte de no escribir más de una página.

Nombre _____ Fecha _____

Respuesta de ejemplo:
Escritura expositiva

Escribe una composición expositiva de una página que explique por qué te gustaría explorar un lugar en particular.

El escritor enuncia la idea principal en el primer párrafo.

Si pudiera explorar cualquier lugar elegiría el espacio exterior. ¡Sería un lugar muy emocionante y peligroso! Debo admitir que, por momentos, estaría asustado pero valdría la pena. Quién sabe dónde aterrizaría o qué extraterrestres encontraría.

La primera razón por la que iría es para ser la primera persona en ir más allá de donde nadie ha llegado. Alguien debe hacerlo porque así llegaremos más y más lejos en el espacio. Quiero ser la primera persona en pararse en un planeta y ver 5 lunas en el cielo. También estaría bien ser la primera persona en darle un apretón de manos a un extraterrestre.

Los párrafos tienen una oración principal y oraciones que la apoyan y ofrecen detalles claros o explicaciones.

La segunda razón sería hallar cosas para traer de vuelta a la Tierra. Quizás podría traer algo para que la gente enferma se cure o para que la gente triste se alegre. Toda la tenología de los extraterrestres podría mejorar nuestras vidas. Quizás la cosa buena que encontraría es un planeta donde algunas personas de la Tierra puedan vivir para que aquí no haya tanta gente.

Cuando vuelva del espacio seguramente tengan un desfile en mi honor luego de que me hayan chequeado para ver que no tenga una enfermedad del espacio. Yo sería un buen ejemplo para otras personas porque estuve dispuesto a viajar y volver para contarles a todos lo que descubrí.

Grado 5: Escritura expositiva

Nombre _____ Fecha _____

Respuesta de ejemplo:
Escritura expositiva

> Escribe una composición expositiva de una página que explique por qué te gustaría explorar un lugar en particular.

La composición suena entrecortada porque no hay variedad de tipos de oraciones.

He visto imágenes de Hawai en televisión y ese es el lugar que quiero explorar. Cuando veo una imágen de Hawai quiero estar ahi. Hawai es muy hermoso tiene playas hermosas y flores y animales tropicales.

Quiero explorar Hawai porque se ve muy distinto a donde yo vivo y siempre hace calor. Hay bailarinas de hula que usan faldas de hojas. Hay volcanes para explorar. También me gustaría probar las comidas de allí. Quiero nadar en el océano.

El escritor no ofrece una oración de conclusión.

Explorar Hawai tomaría mucho tiempo porque hay muchas islas. Ni siquiera sé los nombres de todas. Debería tomar un barco o un avión para llegar a las otras islas. Me pregunto si cada isla es distinta o si todas son iguales.

Grado 5: Escritura expositiva

Redacción: Escritura expositiva

TEKS 5.15B, 5.15C, 5.15D, 5.18A(i), 5.18A(ii), 5.18A(iii), 5.18A(iv)

LEE

Lee el cuento del recuadro de abajo.

> Óscar era nuevo en la clase de gimnasia. María le explicó, paso a paso, cómo dar volteretas. Se lo explicó tan bien que ese mismo día Óscar pudo dar volteretas.

PIENSA

Piensa en algo que sabes hacer bien. Luego piensa cómo explicarle a otra persona la manera de hacerlo.

Sugerencia

Antes de empezar, haz una lista de los pasos que emplearías para mostrar lo que sabes hacer bien.

ESCRIBE

Escribe una composición expositiva en la que expliques cómo se hace algo que sabes hacer bien.

Mientras escribes tu composición, recuerda que debes —

❏ pensar en la idea principal: algo que sabes hacer bien.

❏ desarrollar la idea empleando los pasos de un proceso y los detalles de apoyo, detalles o explicaciones.

❏ usar correctamente la ortografía, las letras mayúsculas, la puntuación, la gramática y las oraciones.

❏ asegurarte de no escribir más de una página.

Sugerencia

Escribe un párrafo de conclusión que anime a tus lectores a probar cómo se hace algo nuevo.

Respuesta de ejemplo:
Escritura expositiva

> Escribe una composición expositiva de una página que explique cómo
> hacer algo que sabes hacer bien.

Algo que hago muy bien es cuidar a mi perra. Es porque he practicado mucho. También porque quiero tanto a mi perra. Una vez que aprendes a hacerlo es bastante fácil. Deja que te explique cómo hacerlo.

El escritor apoya la idea principal con detalles y explicaciones.

Los perros deben salir a hacer sus necesidades. Mi perra entra a mi habitación y empuja mi brazo con su hocico. Esto significa que ella necesita salir a pasear. Ahora viene la parte asquerosa. Debo recoger lo que ella hace con una bolsa plástica y echarlo en la basura para que el jardín no se ensucie. Esta es la PEOR parte de cuidar a un perro.

¡Pero espera! También hay cosas muy buenas cuando cuidas a un perro. Como darle de comer una vez al día. Esta parte me encanta porque mi perra se alegra y emociona mucho con la cena. Ella come tres tazas de comida al día porque es bastante grande. También come algunos bocadillos durante el día pero no muchos.

El escritor usa palabras u oraciones de transición para conectar los párrafos.

Otra parte muy divertida es jugar con ella y pasearla. Fíjate qué le gusta hacer a tu perro, como jugar con una pelota o correr a buscar una rama, y juega con él todo lo que puedas. En mi familia nos turnamos para pasear a la perra por lo menos media hora al día y eso parece ser suficiente.

Por último, la parte más fácil de cuidar a un perro es acariciarla y hablarle. ¡Si haces todo esto tú y tu perro serán felices y muy buenos amigos!

Respuesta de ejemplo:
Escritura expositiva

> **Escribe una composición expositiva de una página que explique cómo hacer algo que sabes hacer bien.**

> El escritor no organiza los pasos de su proceso de forma clara.

Así es como debes atrapar una pelota de béisbol. Necesitas un guante de béisbol que va en la mano no usas para lanzar. Mira fijamente la pelota que viene hacia ti. Quizá quieras cerrar los ojos cuando la pelota viene hacia tu cara pero no lo hagas.

> El significado de esta oración no queda claro porque hay errores de ortografía y puntuación, y el orden de las palabras es confuso.

Sostén el guante hacia arriba si la pelota viene por sobre tu cintura. Sostén el guante hacia abajo como una canasta si la pelota viene por debajo de tu cintura. Tú te paras para atrapar la pelota con los pies un poco separados y las rodillas un poco dobladas. Ah lo que casi se me olvida para te como si fueras a recoger la pelota estando en las puntas de los pies.

Debes atrapar la pelota con las dos manos. La mano sin guante va junto al guante y cuando atrapas la pelota cubre el otro lado del guante. Así quizá la pelota no se caiga. Recuerda lo que dije y podrás atrapar un pelota de béisbol.

Redacción: Relato personal

LEE

Lee el cuento en el recuadro de abajo.

> Carlos nunca había querido tomar clases de música. La idea de tener que pasarse un día soleado ensayando con un instrumento le aburría. Pero como su abuela le había dado su piano, los padres de Carlos lo habían apuntado a las clases. Por raro que parezca, Carlos comenzó a disfrutar de su nueva aptitud para tocar escalas y piezas sencillas. Las horas le pasaban volando mientras practicaba la digitación y desarrollaba el oído musical.

PIENSA

Piensa en alguna cosa sobre la que hayas cambiado de opinión y lo que motivó ese cambio. Luego, piensa en lo que descubriste mediante esa experiencia.

ESCRIBE

Escribe un relato personal de una página sobre la ocasión en la que hayas cambiado de opinión sobre alguna cosa.

Mientras escribes tu composición, recuerda que debes —

❏ pensar en una experiencia personal: la ocasión en la que hayas cambiado de opinión sobre alguna cosa.

❏ organizar el relato siguiendo una secuencia de sucesos.

❏ desarrollar el relato con detalles que expliquen cómo la experiencia te hizo cambiar de opinión.

❏ mantener presentes el propósito y la audiencia.

❏ usar correctamente la ortografía, las letras mayúsculas, la puntuación, la gramática y las oraciones.

❏ asegurarte de no escribir más de una página.

Redacción: Relato personal

LEE

Lee el cuento en el recuadro de abajo.

> Mercedes estaba viendo su programa favorito de televisión cuando sonó el timbre. Su vecina, Laura, estaba llorando porque no encontraba a su gatita. Mercedes acordó ayudar a Laura a buscar a Tili, la mascota perdida, por la casa y el patio. Las dos muchachas buscaron por toda la casa hasta que oyeron un miau en el ático que les indicaba hasta dónde había deambulado la gatita. Laura estaba muy contenta y aliviada por haber encontrado a su mascota, y Mercedes se sentía muy bien por haber ayudado a alguien a resolver un problema.

PIENSA

Piensa en alguna ocasión en la que alguien necesitara de tu ayuda para resolver un problema. Luego, piensa en qué significó para ti ayudar a esa persona.

ESCRIBE

Escribe un relato personal de una página sobre alguna ocasión en la que ayudaste a alguien a resolver un problema.

Mientras escribes tu composición, recuerda que debes —

❏ pensar sobre una experiencia personal: alguna ocasión en la que ayudaste a alguien a resolver un problema.

❏ determinar cómo vas a organizar tu composición.

❏ desarrollar la composición compartiendo ideas sobre el problema y la forma en que se resolvió.

❏ mantener presentes el propósito y la audiencia.

❏ usar correctamente la ortografía, las letras mayúsculas, la puntuación, la gramática y las oraciones.

❏ asegurarte de no escribir más de una página.

Nombre _____ Fecha _____

Redacción

TEKS 5.15B, 5.15C,
5.15D, 5.18A(i), 5.18A(ii),
5.18A(iii), 5.18A(iv)

Redacción: Escritura expositiva

LEE

Lee el pasaje en el recuadro de abajo.

> El modelo de carro T concedió al estadounidense medio la oportunidad de poseer un vehículo. La refrigeradora nos brindó la manera de preservar los alimentos que de otra forma se estropearían. La computadora cambió nuestra manera de jugar y trabajar.

PIENSA

Piensa en un invento que haya cambiado la vida para mejor. Luego, piensa cómo ese invento beneficia a las personas.

ESCRIBE

Escribe una redacción de escritura expositiva de una página sobre cómo un invento importante ha mejorado la vida de las personas.

Mientras escribes tu composición, recuerda que debes —

❏ pensar en la idea principal: cómo un invento importante ha mejorado la vida de las personas.

❏ organizar tus ideas para que la audiencia las comprenda.

❏ incluir una introducción y un párrafo concluyente.

❏ desarrollar tus ideas mediante el uso de hechos, detalles y explicaciones.

❏ usar correctamente la ortografía, las letras mayúsculas, la puntuación, la gramática y las oraciones.

❏ asegurarte de no escribir más de una página.

Grado 5: Escritura expositiva

Nombre _____ Fecha _____

Redacción

TEKS 5.15B, 5.15C,
5.15D, 5.18A(i), 5.18A(ii),
5.18A(iii), 5.18A(iv)

Redacción: Escritura expositiva

LEE

Lee el párrafo en el recuadro de abajo.

> Algunas personas son modelos a seguir. Apreciamos a esas personas porque poseen cualidades que admiramos. Pueden ser líderes en alguna actividad o campo que llenan su vida de actividades interesantes. Puede que realicen cosas emocionantes o sean pioneros en las artes, las ciencias o los deportes.

PIENSA

Piensa en una persona del pasado o presente con la que te gustaría cambiar de lugar.

ESCRIBE

Escribe una composición expositiva de una página donde expliques por qué te gustaría cambiar de lugar con esa persona.

Mientras escribes tu composición, recuerda que debes —

❏ pensar en la idea principal: por qué te gustaría cambiar de lugar con esa persona.

❏ organizar la redacción de forma que las ideas principales sean claras para la audiencia.

❏ desarrollar la idea principal mediante el uso de vocabulario y ejemplos precisos comprensibles para la audiencia.

❏ emplear oraciones y palabras de transición.

❏ usar correctamente la ortografía, las letras mayúsculas, la puntuación, la gramática y las oraciones.

❏ asegurarte de no escribir más de una página.

Grado 5: Escritura expositiva

Revisión

TEKS 5.15C, 5.18A(i),
5.18A(ii), 5.18A(iii),
5.18A(iv)

Después de haber terminado el primer borrador de una redacción, todavía te queda trabajo por hacer. El siguiente paso es la **revisión**. Hacer una revisión significa arreglar los problemas en tu escritura, como las partes que no tienen sentido o las ideas que no están en orden. La revisión incluye añadir, borrar y mover el texto.

Cuando revisas un escrito, puedes borrar detalles u oraciones que resultan innecesarios y puedes añadir o mover detalles u oraciones para respaldar mejor la idea principal. También te puedes asegurar de que has usado oraciones simples, compuestas y complejas de forma correcta y de que has escrito teniendo presente a la audiencia.

Lee esta tabla para aprender más sobre las maneras de revisar tu escritura.

Comprueba

- Asegúrate de que todos los ejemplos, hechos y detalles que incluyas ayuden al lector a comprender la idea principal.

Completa

- Añade palabras de transición como *después*, *también* y *por lo tanto*.

Borra

- Borra las palabras, oraciones y párrafos que no hablen sobre la idea principal.
- Borra los datos que no proporcionen información sobre la idea principal, aunque sean interesantes.

Mueve

- Mueve de lugar palabras, oraciones o párrafos si quedan mejor en otra parte del escrito.

Oraciones

- Emplea distintas oraciones simples, compuestas y complejas.
- Cuando sea posible, combina ideas relacionadas en una oración.

Lee la introducción y el pasaje. Luego, lee cada pregunta. Rellena el círculo de la respuesta correcta en tu documento de respuestas.

Elena comenzó a escribir este pasaje sobre la costumbre de las comidas al azar o "de traje", en las que los invitados contribuyen platillos. Elena necesita ayuda para revisar su escrito. Lee el artículo y piensa en los cambios que debería hacer. Luego, contesta las preguntas que siguen.

Comidas al azar

(1) La comida al azar, solía ser la comida que se ofrecía a un invitado que aparecía inesperadamente. (2) El invitado tenía que conformarse con lo que hubiese en la olla. (3) Eso significaba comer lo que el anfitrión tuviese disponible en la cocina en ese momento. (4) Por lo tanto, uno podía tener buena o mala suerte.

(5) Luego, el término vino a significar algo diferente. En algunos sitios se le llama "comida de traje". (6) Ella invita a unos amigos a su casa. (7) Para eso, les dice que cada uno traiga un plato para compartir. (8) Uno puede traer ensalada o un plato de verduras. (9) Otro puede traer sándwiches o chile con carne o postre.

(10) Esa es una de las razones por las que se ha vuelto popular ese tipo de comidas. (11) Otra razón es que nadie tiene que trabajar demasiado en la cocina. (12) En vez de eso, los cocineros comparten su trabajo y quizás sus recetas familiares favoritas.

> **Sugerencia**
>
> La idea principal debe ser enunciada al comienzo del relato.

> **Sugerencia**
>
> Piensa en el uso de las oraciones que hace la escritora y la forma en que podría añadir variedad en ellas.

Grado 5: Revisión

1 ¿Qué oración sería **MEJOR** añadir antes de la oración 1?

   A Preparar una gran comida requiere mucho tiempo y trabajo.

   B Las "comidas de traje" no siempre son muy buenas.

   C A muchas personas les encanta compartir las comidas con amigos.

   D La costumbre de compartir la comida al azar tiene siglos de antigüedad.

TEKS 5.18A(i)

Sugerencia
Prueba cada una de las oraciones antes de la oración 1.

2 ¿Qué oración puedes añadir antes de la oración 5?

   F El término "comida al azar" se origina en el siglo XVI.

   G En mi calle hubo una vez una "comida de traje".

   H Un guiso es una comida que se puede preparar en una olla.

   J No es lo mismo que el "potlatch" de los indígenas americanos.

TEKS 5.18A(ii)

3 ¿Qué oración de transición puede enlazar las ideas de las oraciones 5 y 6?

   A Por lo general, prefiero ir a un restaurante.

   B Imagínate que tu mamá decide celebrar una "comida de traje" en tu casa.

   C Un plato de "comida de traje" tiene que ser por lo menos para diez personas.

   D Cuantas más personas van, más comida hay también.

TEKS 5.15C

Sugerencia
Piensa en la fluidez de las oraciones en el pasaje. Determina la oración que suena mejor en ese lugar.

4 ¿Qué revisión combina correctamente las oraciones 6 y 7?

   F Ella invita a algunos amigos hasta que les dice que traigan un plato para compartir.

   G Ella invita a algunos amigos, les dice que traigan un plato para compartir.

   H Ella invita a algunos amigos y les dice que traigan un plato para compartir.

   J Puesto que ella invita a algunos amigos, les dice que traigan un plato para compartir.

TEKS 5.15C

SIGUE

Grado 5: Revisión

Nombre _____ Fecha _____

5 ¿Qué oración puede seguir **MEJOR** a la oración 9 para añadir diversidad de oraciones?

A Otro puede traer un estofado o un guiso.

B Otro puede invitar a un amigo.

C ¡Imagínate la cantidad de tipos de platos en una "comida de traje"!

D Otro puede ofrecerse a llevar la bebida.

TEKS 5.18A(iv)

6 ¿Cuál de las siguientes es una buena oración de conclusión para este artículo?

F En una comunidad se pueden llevar a cabo reuniones divertidas donde la gente se puede conocer entre sí.

G Los jóvenes también pueden ayudar en la cocina.

H Las "comidas de traje" se han vuelto bastante populares y por lo general sobra mucha comida.

J Las "comidas de traje" les permiten a invitados y a anfitriones disfrutar de la buena comida y grata compañía.

TEKS 5.18A(i)

ALTO

> **Lee la introducción y el pasaje. Luego, lee cada pregunta. Rellena el círculo de la respuesta correcta en tu documento de respuestas.**

Marcos comenzó a escribir este cuento sobre la vez que se quedó a pasar la noche en casa de un amigo. Marcos necesita ayuda para revisar su escrito. Lee el cuento y piensa en los cambios que debería hacer. Luego, contesta las preguntas que siguen.

La gran noche en casa de mi amigo

(1) La familia de Arturo vive en una casa alta de madera en una calle sombreada. (2) El patio de adelante está lleno de bicicletas y pelotas porque en la familia hay cinco niños. (3) Supe que iba a ser divertido en el momento justo que se abrió la puerta y salieron en tromba los hermanos y hermanas hacia el patio.

(4) Cuando el sol comenzaba a ocultarse, nos llamó la mamá de Arturo para entrar a cenar. (5) Antes de la cena habíamos jugado todos a lanzarnos la pelota afuera. (6) La cena resultó ser una de las más deliciosas que había probado: enchiladas, arroz, totopos y una salsa picante. (7) Para el postre, el papá de Arturo había traído un pudín con salsa de caramelo. (8) Eso hizo que los papás de Arturo me miraran sonriendo.

(9) Arturo me presentó de inmediato a toda la familia, y luego me fue mostrando su enorme casa. (10) Cada habitación estaba pintada de un color diferente. (11) Todos tenían una idea clara y definida sobre el mejor color que debía tener un cuarto. (12) La habitación de Arturo estaba pintada de azul oscuro. (13) En una de las paredes había un cuadro de un lugar en la selva. (14) Probablemente pienses que los leones son animales interesantes.

(15) A la mañana siguiente, fuimos en carro a un lago a unas veinte millas de distancia. (16) El sol brillaba. (17) No hacía calor. (18) El papá de Arturo puso carnada en los anzuelos de nuestras cañas de pescar y nos sentamos sobre las rocas, esperando a que picaran. (19) Me pareció como si nunca fuera a pescar nada pero, de pronto, el hilo se tensó y pesqué una lubina. (20) ¡Qué fin de semana tan maravilloso!

1 ¿Qué oración debes añadir antes de la oración 1?

  A Arturo Fuentes y yo estamos en la misma clase este año.

  B La mamá de Arturo suele llevarme a casa después de la escuela.

  C Justo ayer, pensé en llamar a los papás de Arturo para darles las gracias.

  D El sábado pasado me quedé a dormir en casa de mi amigo Arturo por primera vez.

TEKS 5.15C, TEKS 5.18A(i)

2 ¿Cuál es el **MEJOR** lugar donde mover la oración 4?

  F Después de la oración 5

  G Después de la oración 6

  H Después de la oración 7

  J Después de la oración 8

TEKS 5.15C, TEKS 5.18.A(iii)

3 ¿Cuál es el lugar correcto donde mover el segundo párrafo?

  A Antes del primer párrafo

  B Después del primer párrafo

  C Después del tercer párrafo

  D Después del cuarto párrafo

TEKS 5.15C, TEKS 5.18A(iii)

4 ¿Qué oración puede seguir **MEJOR** a la oración 7?

  F También me gustó el arroz amarillo.

  G Lo que más le gusta a Arturo es el chocolate.

  H Cuando lo vi, sonreí.

  J La Sra. Fuentes puso la mesa.

TEKS 5.15C, TEKS 5.18A(iii)

SIGUE

Grado 5: Práctica de revisión

5 ¿Qué revisión combina correctamente las oraciones 12 y 13?

A La habitación de Arturo estaba pintada de azul oscuro, en una de las paredes había un cuadro de un lugar en la selva.

B La habitación de Arturo estaba pintada de azul oscuro, y en una de las paredes había un cuadro de un lugar en la selva.

C La habitación de Arturo estaba pintada de azul oscuro, y también en una de las paredes había un cuadro de un lugar en la selva.

D La habitación de Arturo estaba pintada de azul oscuro, o en una de las paredes había un cuadro de un lugar en la selva.

TEKS 5.15C

6 ¿Qué oración **NO** debe aparecer en el tercer párrafo?

F La oración 11

G La oración 12

H La oración 13

J La oración 14

TEKS 5.15C, TEKS 5.18A(iii)

7 ¿Cuál es la **MEJOR** forma de combinar las oraciones 16 y 17?

A El sol brillaba y no hacía calor.

B El sol brillaba pero no hacía calor.

C El sol brillaba porque no hacía calor.

D El sol brillaba ya que no hacía calor.

TEKS 5.15C

8 ¿Qué oración puede seguir **MEJOR** a la oración 19 para añadir detalles precisos?

F Con solo un sedal se puede pescar también.

G La pescadería de la ciudad vende comida para el almuerzo.

H Antes de salir, encontramos insectos para carnada.

J A media tarde, teníamos cuatro lubinas gorditas en el refrigerador.

TEKS 5.15C, TEKS 5.18A(iii)

Nombre _____ Fecha _____

**Lee la introducción y el pasaje. Luego, lee cada pregunta. Rellena el círculo
de la respuesta correcta en tu documento de respuestas.**

---

*Manuel comenzó a escribir este artículo sobre el nuevo parque de su ciudad.
Necesita ayuda para revisar su escrito. Lee el artículo y piensa en los cambios
que debería hacer. Luego, contesta las preguntas que siguen.*

Inauguración del parque el sábado

(1) Toda ciudad debería tener un parque donde la gente pueda disfrutar. (2) Este nuevo parque tendrá un patio de recreo, un campo de béisbol, una cancha de básquetbol y una zona de picnics.

(3) Hace dos años que la ciudad redactó los planes para mejorar el parque. (4) Finalmente, las obras se han terminado. (5) Ahora, los chicos de la Escuela Fairfield tendrán un lugar para jugar en los recreos y después de clases. (6) La Srta. Olivera anunció que llevaría al parque a sus clases de educación física para jugar béisbol, "kickball" y básquetbol. (7) El parque es un lugar maravilloso donde la comunidad podrá disfrutar de las actividades veraniegas.

(8) El patio de recreo ahora tiene toboganes, columpios y un balancín. (9) También hay un cajón de arena para los más pequeños. (10) Lo más emocionante del parque es el muro de escalada. (11) El muro representa un verdadero desafío atlético. (12) También existe un muro de escalada en un parque de cercano.

(13) En el nuevo campo hay iluminación para que los equipos puedan jugar por la noche. (14) El campo de béisbol estará listo justo a tiempo para el inicio de la temporada de verano. (15) Los aficionados también podrán disfrutar de los nuevos asientos. (16) También hay un lugar en el que se podrá comprar comida y bebida durante los juegos. (17) ¡Esta es una novedad que todo el mundo agradecerá!

(18) Mi hermano y sus amigos están muy contentos con la nueva cancha de básquetbol. (19) Hasta ahora sólo podían jugar frente a nuestra casa. (20) Los dos equipos tenían que

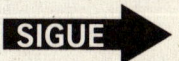

encestar en la misma canasta. (21) Los jugadores están impacientes por jugar en la nueva cancha con una canasta en cada extremo.

(22) Es más, se espera que cientos de personas visiten el parque antes del día de inauguración.

(23) El alcalde cortará la cinta a mediodía. (24) Mis padres y yo queremos llegar temprano.

(25) El Sr. Howard, el director del Departamento de Parques de Fairfield, dará un discurso de bienvenida. (26) Luego, habrá un concurso de tiros libres en la cancha de básquetbol, juegos de béisbol y carreras de sacos.

---

1 ¿Qué oración sería **MEJOR** añadir después de la oración 1 para presentar el tema?

A Nuestro parque lleva cerrado mucho tiempo.

B Disfrutaré jugando al béisbol en el parque este verano.

C La gente lleva a sus niños en carritos y a pasear a sus perros por el parque.

D Este sábado, 15 de mayo, se volverá a abrir el Parque Fairfield Memorial.

TEKS 5.18A(i)

2 ¿Qué oración sería **MEJOR** añadir después de la oración 2 para incluir un hecho específico?

F Durante el verano, también habrá piscinas inflables para los más pequeños.

G Mucha gente disfrutará las nuevas incorporaciones al parque.

H El parque tiene el mejor patio de recreo.

J Nuestro parque debería tener campos de juego más grandes.

TEKS 5.18A(iii)

3 ¿Qué oración de tema debes añadir al tercer párrafo?

A La clase de la Srta. Olivera puede jugar a los deportes de equipo en el parque.

B El trabajo en el parque de la ciudad comenzó hace dos años.

C El parque es un buen lugar para los estudiantes.

D La ciudad ha instalado nuevos equipos.

TEKS 5.18A(ii)

4 ¿Qué oración **NO** debe aparecer en el tercer párrafo?

F La oración 9

G La oración 10

H La oración 11

J La oración 12

TEKS 5.15C

Grado 5: Práctica de revisión

Nombre _____ Fecha _____

5 ¿Qué oración sería **MEJOR** añadir después de la oración 16?

   A No creo que vayan a vender pizza en el sitio de comidas.

   B Mis meriendas favoritas son las palomitas de maíz y el ponche de fruta.

   C El sitio de comidas no dispondrá de tantas opciones como la cafetería.

   D Los visitantes al parque con frecuencia tienen hambre y sed.

   TEKS 5.18A(iii)

6 ¿Qué oración enlaza correctamente la oración 21 con el siguiente párrafo?

   F Todos los miembros de los equipos escolares obtendrán uniformes nuevos gracias a los donativos realizados por ciudadanos de la comunidad.

   G Aunque el parque no haya abierto oficialmente, muchos deportistas ya han entrenado en las nuevas canchas.

   H Aunque existen dos senderos para perros en el parque, no se permite la entrada de perros en los campos de juego.

   J La mayoría de la gente de nuestra comunidad está satisfecha con el trabajo que se realizó en el parque y como se usó el dinero.

   TEKS 5.18A(iv)

7 ¿Qué oración sería **MEJOR** añadir después de la oración **24**?

   A De esa forma, podremos ver y escuchar mejor a las autoridades.

   B El alcalde se va a presentar como candidato para un segundo mandato dentro de poco.

   C La gente ayudará a limpiar el parque al caer la tarde.

   D El parque no suele estar muy concurrido por las mañanas durante la semana.

   TEKS 5.15C

8 ¿Qué oración puede concluir **MEJOR** el artículo?

   F Espero que no llueva y arruine nuestros grandes planes.

   G Los estudiantes de quinto curso decidieron no hacer la venta de galletas en el parque.

   H La inauguración del Parque Fairfield es un acontecimiento al que no debe faltar nadie de la comunidad.

   J No tienes que participar en estos eventos si no te gustan mucho los deportes ni los juegos.

   TEKS 5.18A(i)

Grado 5: Práctica de revisión

Corrección

Hacer una **corrección** es una de las últimas etapas en el proceso de escritura. Cuando vayas a hacer una corrección de un escrito, debes leerlo con detenimiento para hallar los posibles errores en la gramática, la puntuación, el uso de las letras mayúsculas y la ortografía. El objetivo de la corrección es encontrar y corregir los errores, y en especial aquellos que puedan distraer o confundir al lector.

Lee la siguiente tabla para aprender más sobre las maneras de corregir tus escritos.

Gramática

• Asegúrate de utilizar de forma correcta los sustantivos colectivos, los verbos, los adjetivos, los adverbios y las frases preposicionales.

• Comprueba que las oraciones tengan sujetos y predicados completos.

• Asegúrate de que las oraciones simples, compuestas y complejas tengan la correcta concordancia entre sujeto y verbo.

Puntuación y uso de las letras mayúsculas

• Asegúrate de utilizar las comillas para mostrar las palabras exactas expresadas por una persona.

• Comprueba que has utilizado de forma correcta las comas en las oraciones compuestas.

• Asegúrate de que escribes en letra mayúscula las abreviaturas, las iniciales, los acrónimos y las organizaciones.

Ortografía

• Comprueba que has escrito correctamente las palabras con hiatos y diptongos.

• Comprueba que has escrito correctamente las palabras con acentos ortográficos o prosódicos.

• Comprueba que has escrito correctamente las palabras con raíces y sufijos griegos y latinos.

• Comprueba que has escrito correctamente palabras fácilmente confundibles como *porque* y *por qué*.

Nombre _____ Fecha _____

Corrección

TEKS 5.15D, 5.20B, 5.21A, 5.21B(i), 5.22C(i), 5.22E

> **Lee la introducción y el pasaje. Luego, lee cada pregunta. Rellena el círculo de la respuesta correcta en tu documento de respuestas.**

José comenzó a escribir este ensayo sobre su padre. José necesita ayuda para corregirlo. Lee el ensayo y piensa en los cambios que debería hacer. Luego, contesta las preguntas que siguen.

Una persona que admiro: Mi papá

(1) Cuando pienso en las personas que admiro, mi papá es la primera que me viene a la mente. (2) Mi papá es un TEM, que significa técnico de emergencias médicas. (3) Su trabajo incluye muchas responsabilidades. (4) La más importante de ellas es ayudar a las personas cuando sufren heridas fysicas.

> **Sugerencia**
>
> Recuerda que debes usar letras mayúsculas en las abreviaturas.

(5) Los TEM tienen que ser valientes por qué, a veces, tienen que enfrentarse a situaciones difíciles. (6) Mi papá ha tenido que ayudar a personas que han perdido el conocimiento y también realizar RCP (reanimación cardiopulmonar). (7) Ha ayudado en el rescate de conductores en carreteras y puentes. (8) Incluso ha salido a trabajar en medio de fuertes tormentas para rescatar a personas. (9) Mucha gente ve a mi padre como un héroe pero él es una persona muy modesta. (10) Simplemente, considera que está haciendo su trabajo.

> **Sugerencia**
>
> Comprueba que el sujeto y el predicado están completos y escritos de forma correcta.

(11) Mi papá aprendió muchas destrezas durante el período de capacitación. (12) Es capaz de ayudar a alguien si, de repente, deja de respirar. (13) Si una persona sufre un ataque al corazón o una apoplejía, papá sabe qué hacer e inmediatamente pasa a la acción. (14) Por eso, no es de extrañar que recibirá las

Grado 5: Corrección

mejores calificaciones de entre todos los compañeros en el
programa de capacitación. (15) Aunque mi papá no se toma así
mismo demasiado en serio, mi mamá y yo nos sentimos muy
orgullosos de él.

---

1 ¿Qué cambio, de ser necesario, se debe hacer en la oración 2?

 A Cambiar *TEM* por **tem**

 B Borrar *que*

 C Cambiar *médicas* por **médico**

 D No hacer ningún cambio

 TEKS 5.21A(i)

3 ¿Qué cambio, de ser necesario, se debe hacer en la oración 5?

 A Cambiar *por qué* por **porque**

 B Cambiar *a veces* por **aveces**

 C Cambiar *difíciles* por **difícil**

 D No hacer ningún cambio

 TEKS 5.15D, 5.22E

2 ¿Qué cambio se debe hacer en la oración 4?

 F Cambiar *ayudar* por **ayuda**

 G Añadir una coma después de *personas*

 H Cambiar *sufren* por **sufrían**

 J Cambiar *fysicas* por **físicas**

 TEKS 5.22C(i)

4 ¿Qué cambio se debe hacer en la oración 9?

 F Cambiar *gente* por **gentes**

 G Añadir una coma después de *héroe*

 H Cambiar *muy* por **mucho**

 J Cambiar *modesta* por **molesta**

 TEKS 5.21B(i)

Sugerencia

Una oración compuesta está formada por dos oraciones más cortas unidas por una coma y una conjunción.

5   ¿Qué cambio se debe hacer en la
    oración 14?

   A   Cambiar *extrañar* por **extraño**

   B   Cambiar *recibirá* por **haya recibido**

   C   Cambiar *entre* por **bajo**

   D   Añadir una coma después de
        compañeros

   TEKS 5.20B

6   ¿Qué cambio, de ser necesario, se debe
    hacer en la oración 15?

   F   Cambiar *Aunque* por **Aún que**

   G   Cambiar *así mismo* por **a sí mismo**

   H   Cambiar *yo* por **mí**

   J   No hacer ningún cambio

   TEKS 5.22E

Corrección
PRÁCTICA

TEKS 5.20A(iv), 5.20A(vi),
5.20B, 5.20D, 5.21B(ii),
5.21C, 5.22A(ii), 5.22C(iv)

> **Lee la introducción y el pasaje. Luego, lee cada pregunta. Rellena el círculo de la respuesta correcta en tu documento de respuestas.**

Connor comenzó a escribir este artículo sobre una campaña para recolectar comida. Lee el artículo de Connor para hallar las correcciones y mejoras que debería hacer. Luego, contesta las preguntas que siguen.

Colecta de comida

(1) Los alumnos de quinto grado van a hacer una colecta de comida enlatada la semana que viene. (2) Vamos a ayudar en la recolección de comida del Banco de Alimentos Lincoln. (3) Nuestra colecta forma parte de la campaña que se lleva a cabo en nuestra escuela durante el Mes de Servicio a la Comunidad. (4) Como dice el Director, Nadie es demasiado joven para servir a la comunidad.

(5) En enero, cada una de las clases va a trabajar en un proyecto de servicio a la comunidad. (6) El quinto grado va ayudar a las personas que no tienen suficiente dinero para comida. (7) El mes pasado, leímos un libro titulado El hambre en Estados Unidos para aprender sobre este preocupante problema. (8) Leímos sobre los millones de personas de nuestro país cuyas refrigeradoras están casi vacías. (9) También descubrimos que muchas personas no obtienen las suficientes vitaminas necesarias para mantenerse sanas. (10) Muchas familias tienen dificultades para conseguir alimentos nutritivos como vegetales y fruta. (11) Todos sabemos que pasar hambre durante un solo día ya es lo suficientemente penoso.

(12) El hambre afécta a muchas familias en nuestra ciudad. (13) Descubrimos que incluso un mayor número de familias pasa hambre en invierno porque tienen que pagar la calefacción además de la comida. (14) Los meses de diciembre, enero y febrero pueden ser muy duros para muchas familias a menos que las

Corrección
PRÁCTICA

TEKS 5.20A(iv), 5.20A(vi),
5.20B, 5.20D, 5.21B(ii),
5.21C, 5.22A(ii), 5.22C(iv)

ayudamos. (15) Es por eso que, durante la última semana de enero, vamos a realizar la colecta de comida para la gente de la comunidad. (16) La comida de nuestras despensas irá destinada a los refugios locales y a los hogares de las personas mayores.

(17) Animamos a los ciudadanos a buscar algunas latas en sus despensas para donasión. (18) Nuestros estudiantes suelen traer dos, tres o más latas durante nuestras campañas. (19) Usted trae las latas ¡y nosotros las repartíamos! (20) Esperamos verlos en nuestra colecta de comida.

---

1 ¿Qué cambio se debe hacer en la oración 4?

A Cambiar *Director* por **director**

B Borrar la coma después de *Director*

C Añadir comillas antes de *Nadie* y después de *comunidad*

D Cambiar el punto por un signo de interrogación

TEKS 5.21B(ii)

2 ¿Qué cambio se debe hacer en la oración 7?

F Borrar la coma después de *pasado*

G Cambiar *leímos* por **leemos**

H Subrayar *El hambre en Estados Unidos*

J Cambiar *este* por **estos**

TEKS 5.21C

3 ¿Qué cambio, de ser necesario, se debe hacer en la oración 11?

A Cambiar *Ninguno* por **Todos**

B Cambiar *hambre* por **ambre**

C Cambiar *día* por **días**

D No hacer ningún cambio

TEKS 5.20A(vi)

4 ¿Qué cambio, de ser necesario, se debe hacer en la oración 12?

F Añadir una coma después de *hambre*

G Cambiar *afécta* por **afecta**

H Cambiar *familias* por **familia**

J No hacer ningún cambio

TEKS 5.22A(ii)

Grado 5: Práctica de corrección

Corrección

PRÁCTICA

TEKS 5.20A(iv), 5.20A(vi),
5.20B, 5.20D, 5.21B(ii),
5.21C, 5.22A(ii), 5.22C(iv)

5 ¿Qué cambio se debe hacer en la
oración 14?

   A Cambiar *meses* por **messes**

   B Cambiar *enero* por **Enero**

   C Cambiar *ayudamos* por **ayudemos**

   D No hacer ningún cambio.

   TEKS 5.20B

6 ¿Qué cambio se debe hacerse en la
oración 17?

   F Cambiar *Animamos* por **Animámos**

   G Cambiar *ciudadanos* por **cuidadanos**

   H Cambiar *sus* por **su**

   J Cambiar *donasión* por **donación**

   TEKS 5.22C(iv)

7 ¿Qué cambio, de ser necesario, se debe
hacer en la oración 18?

   A Cambiar *suelen* por **usual**

   B Añadir una coma después de *tres*

   C Cambiar *más* por **mayor**

   D No hacer ningún cambio

   TEKS 5.20A(iv)

8 ¿Qué cambio se debe hacer en la
oración 19?

   F Cambiar *Usted* por **Usté**

   G Cambiar *trae* por **traen**

   H Cambiar *repartíamos* por **repartimos**

   J Borrar el signo de exclamación al final
de la oración

   TEKS 5.20D

Nombre _____ Fecha _____

Corrección
PRÁCTICA

TEKS 5.20A(i), 5.20A(v),
5.20A(vii), 5.20A(viii),
5.21A(iii), 5.22C(i), 5.22D,
5.22F

Lee la introducción y el pasaje. Luego, lee cada pregunta. Rellena el círculo de la respuesta correcta en tu documento de respuestas.

Rita comenzó a escribir este artículo sobre una sorpresa de cumpleaños. Rita necesita ayuda para corregirlo. Lee el artículo y piensa en los cambios que debería hacer. Luego, contesta las preguntas que siguen.

El préstamo

(1) ¿Deseaste alguna vez que la gente dejara de pedirte cosas prestadas? (2) Cuando tienes una hermana pequeña, a menudo terminas prestándole tu ropa, juguetes y libros. (3) A veces, parece que fuera para siempre aunque te devuelven tus cosas. (4) Otras veces, sin embargo, recibes más de lo que esperabas.

(5) Ese día, Emma, mi hermana de seis años, me preguntó si podía prestarle mis botas para la lluvia con flores rosadas y amarillas. (6) Le indiqué que no estaba lloviendo y que las botas eran demasiado grandes para sus pies. (7) Sonrió y dijo que eso no tenía importancia, y prometió devolverme las botas al poco tiempo. (8) Autamáticamente me encogí de hombros y volví a la lectura de mi libro. (9) Supuse que Emma y sus amigas iban a jugar a los disfraces y, además, yo andaba ocupada planeando un informe sobre la organización Mundial de la Salud.

(10) Emma regresó al cabo de una hora. (11) Entonces pidió prestado mi abrigo favorito. (12) Esto se estaba volviendo demasiado <u>fastidiozo</u>, pero sabía que seguiría molestándome si le decía que no. (13) Sin embargo, le ordené que no lo ensuciara y, tras ello, salió corriendo con el abrigo bajo el brazo y sus coletas rojas volando tras ella.

(14) Poco después, me morí de hambre por algo de comer, así que bajé a la cocina. (15) Y allí estaba Emma, encorvada sobre la encimera haciendo algo

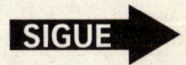

121

Nombre _____ Fecha _____

Corrección
PRÁCTICA

TEKS 5.20A(i), 5.20A(v),
5.20A(vii), 5.20A(viii),
5.21A(iii), 5.22C(i), 5.22D,
5.22F

con una inmensa hoja de papel. (16) Las botas y el abrigo estaban tirados en el suelo en una pila. (17) Sabiendo que el abrigo necesitaría ahora una inspexión completa, me agache para agarrarlo. (18) Emma se giró y me suplicó que saliera de la cocina, así que negué con la cabeza, tomé una manzana y salí del cuarto.

(19) A la mañana siguiente, la puerta de mi habitación estaba empapelada con un increíble dibujo de mí a tamaño natural, vestida con mi abrigo favorito y mis botas. (20) Las palabras "Feliz cumpleaños" estaban claramente dibujadas del dibujo. (21) Corrí hacia Emma y le di un abrazo. (22) Me había devuelto mucho más de lo que le había prestado.

---

1 ¿Qué cambio, de ser necesario, se debe hacer en la oración 3?

A Cambiar *aunque* por **hasta que**

B Cambiar *devuelven* por **devolviste**

C Cambiar *te* por **nos**

D No hacer ningún cambio.

TEKS 5.20A(vii)

2 ¿Qué cambio, de ser necesario, se debe hacer en la oración 8?

F Cambiar *autamáticamente* por **automáticamente**

G Cambiar *encogí* por **encojí**

H Añadir una coma después de **y**

J No hacer ningún cambio.

TEKS 5.22C(i)

Grado 5: Práctica de corrección

Corrección
PRÁCTICA

TEKS 5.20A(i), 5.20A(v),
5.20A(vii), 5.20A(viii)
5.21A(iii), 5.22C(i), 5.22D,
5.22F

3 ¿Qué cambio se debe hacer en la oración 9?

A Cambiar *estaban* por **estaba**

B Borrar la coma después de *disfraces y*

C Cambiar *informe* por **imforme**

D Cambiar *organización* por **Organización**

TEKS 5.21A(iii)

4 ¿Qué par de palabras guía del diccionario te ayudarán a encontrar la ortografía correcta de la palabra subrayada en la oración 12?

F fallo, familia

G familiar, farol

H farolero, favor

J favorable, feliz

TEKS 5.22F

5 ¿Qué cambio se debe hacer en la oración 13?

A Cambiar *Sin embargo* por **Por lo tanto**

B Borrar la coma después de *ensuciara y*

C Cambiar *salió corriendo* por **salía corriendo**

D Cambiar *volando* por **volarían**

TEKS 5.20A(viii)

6 ¿Qué cambio se debe hacer en la oración 14?

F Cambiar *Poco después* por **Antes**

G Cambiar *me morí* por **me moría**

H Borrar la coma después de *comer*

J Añadir una coma después de *bajé*

TEKS 5.20A(i)

7 ¿Qué cambio, de ser necesario, se debe hacer en la oración 17?

A Cambiar *Sabiendo* por **Sabría**

B Cambiar *completa* por **completo**

C Cambiar *inspexión* por **inspección**

D No hacer ningún cambio

TEKS 5.22D

8 ¿Qué cambio se debe hacer en la oración 20?

F Cambiar *Feliz* por **feliz**

G Borrar las comillas

H Cambiar *dibujadas* por **dibujados**

J Cambiar *del* por **debajo del**

TEKS 5.20A(v)

Evaluaciones de *Fuente de escritura para Texas*

Nombre _____ Fecha _____

Prueba preliminar

Parte 1: Elementos básicos de la redacción

Preguntas 1 a 12: Lee las oraciones. Escoge la opción que muestra la mejor forma de escribir la parte subrayada. Rellena el círculo de la respuesta correcta en tu documento de respuestas.

1 Nosotros se llaman Tomás y Raúl.

   A Tú

   B Ellos

   C Ellas

   D No hacer ningún cambio.

2 No te oigo porque hablas despacio.

   F hablabas despacio

   G hablabas bajo

   H hablas bajo

   J No hacer ningún cambio.

3 *El libro invisible* es un libro más interesante que he leído.

   A el libro más interesante que

   B el libro muy interesante que

   C el libro más interesantísimo que

   D No hacer ningún cambio.

4 Estudió hasta las tres de la tarde.

   F durante las tres de la tarde

   G en las tres de la tarde

   H entre las tres de la tarde

   J No hacer ningún cambio.

5 El nuevo centro comercial abrió la próxima semana.

   A había abierto

   B ha abierto

   C abrirá

   D No hacer ningún cambio.

6 Marcelo saltó cuidadosamente la cerca de madera.

   F saltó con cuidadoso

   G saltó cuidado

   H saltó con cuidadosamente

   J No hacer ningún cambio.

7 Camila preparará una ensalada de tomates ni de repollo para el picnic de la escuela.

   A e

   B o

   C pero

   D No hacer ningún cambio.

8 ¿Me estás hablando a mí?

   F mi

   G yo

   H ella

   J No hacer ningún cambio.

 SIGUE

9 La semana pasada, <u>festejo</u> mi cumpleaños.

   A festejé

   B festejaré

   C estoy festejando

   D No hacer ningún cambio.

11 <u>Los estudiantes está</u> en el patio.

   A Los estudiantes estar

   B Los estudiantes están

   C Los estudiantes estaba

   D No hacer ningún cambio.

10 La prueba de Estela no fue buena, pero la de María fue <u>más mala</u>.

   F menos mala

   G más mejor

   H peor

   J No hacer ningún cambio.

12 Todos los fines de semana, mi hermana y yo <u>hago</u> una caminata por el parque.

   F hace

   G hacemos

   H hice

   J No hacer ningún cambio.

Preguntas 13 a 18: Lee las preguntas y rellena el círculo de la respuesta correcta en tu documento de respuestas.

---

13 ¿Cuál es la mejor manera de combinar estas oraciones?

> A Juan le gustan los videojuegos.
>
> A José también le gustan los videojuegos.

   A A Juan le gustan los videojuegos y a José.

   B Los videojuegos a Juan y a José les gustan.

   C A Juan le gustan y a José le gustan los videojuegos.

   D A Juan y a José les gustan los videojuegos.

14 ¿Cuál es la mejor manera de combinar estas oraciones?

> Las niñas alquilaron bicicletas.
>
> Las niñas anduvieron por la playa.

   F Las niñas alquilaron bicicletas o anduvieron por la playa.

   G Las niñas alquilaron bicicletas y anduvieron por la playa.

   H Las niñas anduvieron por la playa, luego alquilaron bicicletas.

   J Las niñas alquilaron bicicletas y las niñas anduvieron por la playa.

Nombre _____ Fecha _____

15 ¿Cuál de estas oraciones es interrogativa y debe llevar signos de interrogación de apertura y de cierre?

A Las selvas tropicales cubren solo el dos por ciento de la superficie terrestre

B Cuando las personas talan los árboles, destruyen las selvas tropicales

C Para qué usan la tierra las personas después de talar los árboles

D Muchas especies de plantas y animales habitan las selvas tropicales del mundo

16 ¿Cuál de estas oraciones es admirativa y debe llevar signos de admiración de apertura y de cierre?

F No puedo creer que me haya comido toda la pizza

G La pizza puede ser gruesa o delgada

H Se puede cocinar una pizza en un horno de microondas

J La pizza es una comida muy popular en los Estados Unidos

17 ¿Cuál de estas oraciones es una oración completa escrita correctamente?

A El canal de Erie, iniciado en 1817.

B Que conectaba el lago Erie y el río Hudson.

C Se tardó ocho años en construir el canal de Erie.

D Transporte de productos entre el este y el oeste de los Estados Unidos.

18 ¿En cuál de estos pares de oraciones se usa la mejor transición para conectar ideas?

F Hacía frío. Por otro lado, me puse el sombrero.

G Hacía frío. Luego me puse el sombrero.

H Hacía frío. Además, me puse el sombrero.

J Hacía frío. Por lo tanto, me puse el sombrero.

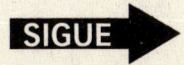
SIGUE

Nombre _____ Fecha _____

Ayudar a los demás

El viernes, mi padre y yo fuimos al centro de ayuda a las víctimas de catástrofes. Este centro brinda provisiones a las víctimas de huracanes u otros desastres naturales. Realizamos varias tareas allí. Clasificamos todas las latas de alimentos que se donaron al centro. Luego armamos cajas de alimentos para las familias. Incluimos arroz, cereales, y frutas y verduras enlatadas. Finalmente, ayudamos a cargar todas las cajas en los camiones. Terminamos alrededor de las 4:00 y luego volvimos a casa trotando por el parque.

19 ¿Qué tipo de párrafo es?

A Narrativo

B Descriptivo

C Persuasivo

D Respuesta a un texto

20 ¿Cuál de estas oraciones es la oración temática del párrafo?

F Realizamos varias tareas allí.

G El viernes, mi padre y yo fuimos al centro de ayuda a las víctimas de catástrofes.

H Incluimos arroz, cereales, y frutas y verduras enlatadas.

J Terminamos alrededor de las 4:00 y luego volvimos a casa trotando por el parque.

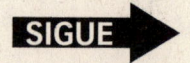

Evaluaciones de *Fuente de escritura para Texas*

Nombre _____   Fecha _____

Parte 2: Corregir y mejorar

> **Preguntas 21 a 30: Lee los pasajes. Escoge la mejor forma de escribir las partes subrayadas. Rellena el círculo de la respuesta correcta en tu documento de respuestas.**

En la clase de hoy aprendimos sobre los símbolos. El maestro nos explicó que

un símbolo es algo que representa otra cosa. Al principio, pensé: "¡No entiendo!".

21

Pero después entendí. Por ejemplo el león es un símbolo de valentía. El corazon

       22   **23**

es un símbolo del amor. Nuestro maestro, el Sr. parker, nos pidió que buscáramos

                                    24

símbolos en el camino a casa. Yo encontré un cartel de metal con la imagen de

un autobús. Eso me indicó la ubicación de una parada de autobús. Al pasar por la

playa, vi un cartel que mostraba un perro dentro de un círculo con una línea que

lo atravesaba. Ese símbolo significa que no se permiten perros en la playa. Me di

                                 25

cuenta de que estamos rodeados de símbolos.

21
A *¡No entiendo!*
B —¡No entiendo!
C ¡"No entiendo"!
D No hacer ningún cambio.

22
F por ejemplo
G Por ejemplo;
H Por ejemplo,
J No hacer ningún cambio.

23
A corazón
B córazon
C corázon
D No hacer ningún cambio.

24
F sr. Parker
G Sr. Parker
H sr. parker
J No hacer ningún cambio.

25
A ¿Ese símbolo significa que no se permiten perros en la playa?
B ¡Ese símbolo significa que no se permiten perros en la playa!
C Ese símbolo significa que no se permiten perros en la playa,
D No hacer ningún cambio.

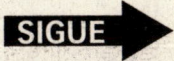
SIGUE

Nombre _____ Fecha _____

Querida Paula:

<u>Amo estas vacaciones en la Florida!</u> El paisaje es muy <u>vello</u> y lo estoy pasando
26   **27**

genial. La casa de mi abuela <u>—está cerca del mar</u>, es muy bonita. <u>Mi abuela y yo</u>
28   **29**

vamos a la playa casi todos los días. Me encanta juntar caracoles. Los usaré

para decorar la mesa en el <u>día de acción de gracias</u>. ¡Tienes que verlos! ¡Incluso
30

encontré una estrella y un erizo de mar! Tal vez puedas venir conmigo el próximo

año. ¿No sería divertido buscar caracoles juntas?

Te llamaré cuando esté de vuelta en casa.

Tu amiga,

Ana

26 F ¡Amo estas vacaciones en la Florida!

G ¿Amo estas vacaciones en la Florida?

H Amo estas vacaciones en la Florida;

J No hacer ningún cambio.

27 A vellos

B bellos

C bello

D No hacer ningún cambio.

28 F —está cerca del mar

G —está cerca del mar;

H —está cerca del mar—

J No hacer ningún cambio.

29 A Mi abuela y mí

B Yo y mi abuela

C Abuela y yo

D No hacer ningún cambio.

30 F Día de acción de gracias

G día de Acción de Gracias

H Día de Acción de Gracias

J No hacer ningún cambio.

SIGUE ➡

Nombre _____ Fecha _____

Parte 3: Redacción   Escritura narrativa

LEE

La diferencia que existe entre los niños y los adultos es que los adultos son responsables por sí mismos. Ya no dependen de sus padres para tener una casa, alimentarse y tener dinero. Sentirte más grande significa que te estás volviendo más adulto o responsable.

PIENSA

¿Qué has hecho últimamente que te haya hecho sentir que estás más grande? Piensa en qué pasó y por qué te hizo sentir de esa manera.

ESCRIBE

Escribe una composición narrativa en la que relates algo que hayas hecho últimamente y te haya hecho sentir más grande o responsable.

Mientras escribes tu composición, recuerda que debes

❏ enfocarte en una sola cosa que hayas hecho y te haya hecho sentir más grande

❏ organizar tus ideas en un orden lógico y conectar las ideas con transiciones

❏ desarrollar tus ideas con detalles específicos

❏ asegurarte de que tu composición no ocupe más de una página

Nombre _____ Fecha _____

Prueba de evaluación del progreso 1

Parte 1: Elementos básicos de la redacción

> **Preguntas 1 a 12: Lee las oraciones. Escoge la opción que muestra la mejor forma de escribir la parte subrayada. Rellena el círculo de la respuesta correcta en tu documento de respuestas.**

1 Durante muchos años, <u>algunas personas</u> no pudo votar en los Estados Unidos.

  A algunas personas no pudieron

  B algunas personas no pueden

  C algunas personas no puede

  D No hacer ningún cambio.

2 Los indígenas, los afroamericanos y las mujeres <u>tuvieron que esperaron</u> muchos años para poder votar.

  F tuvieron que esperando

  G tuvieron que esperar

  H tienen que esperar

  J No hacer ningún cambio.

3 En el siglo XIX, las mujeres <u>se ponieron a hablar</u> del derecho al voto.

  A se pusieron a hablar

  B se ponen a hablar

  C poniéndose a hablar

  D No hacer ningún cambio.

4 Muchas personas creían que permitir que las mujeres votaran era una idea <u>peligrosamente</u>.

  F peligro

  G peligrosas

  H peligrosa

  J No hacer ningún cambio.

5 En el año 1848, Elizabeth Cady Stanton y Lucretia Mott organizaron una convención en New York sobre los derechos de la mujer para debatir sobre <u>ellos</u>.

  A esos

  B ellas

  C nosotros

  D No hacer ningún cambio.

6 <u>Final</u>, en el año 1870, los afroamericanos consiguieron el derecho al voto.

  F Fin

  G Finalmente

  H Finales

  J No hacer ningún cambio.

7 Los legisladores de los estados del Sur aprobaron leyes <u>inmediatos</u> para negarles ese derecho.

  A inmediato

  B inmediatez

  C inmediatamente

  D No hacer ningún cambio.

8 Los votantes debían pagar un <u>injusto</u> impuesto para poder votar.

  F injustamente

  G muy injustísimo

  H más injusto que

  J No hacer ningún cambio.

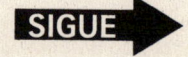

Nombre _____ Fecha _____

9 En el año 1924, el Congreso <u>aprobando</u> una ley que daba a los indígenas el derecho al voto.

    A aprobó

    B aprobará

    C aprobaba

    D No hacer ningún cambio.

10 Nunca <u>existió</u> tantas personas con derecho al voto como en la actualidad.

    F existía

    G existieron

    H existe

    J No hacer ningún cambio.

11 Actualmente, solo vota el 55% de los estadounidenses que pueden <u>hacerlo</u>.

    A hacerlos

    B hacerle

    C hacerlas

    D No hacer ningún cambio.

12 Al votar, pueden ayudar a tomar decisiones importantes que también <u>nos</u> afectan a ellos.

    F te

    G me

    H los

    J No hacer ningún cambio.

Preguntas 13 a 18: Lee las preguntas y rellena el círculo de la respuesta correcta en tu documento de respuestas.

---

13 ¿Cuál de estas oraciones es una oración completa escrita correctamente?

    A Jugando a los videojuegos en el carro.

    B Abel y el club de videojuegos.

    C Los socios del club de videojuegos se reunieron en su casa.

    D Abel y su último juego de computadora.

14 ¿Cuál de estas oraciones es una oración seguida que debe escribirse en dos oraciones?

    F María lleva al perro al parque todos los días.

    G El parque nuevo es maravilloso a los perros les encanta.

    H A Pablo le gusta caminar alrededor del parque nuevo.

    J A menudo, María y Pablo pasean juntos al perro.

15 ¿Cuál es la mejor manera de combinar estas oraciones?

> Jugamos al baloncesto en el patio.
>
> El patio es nuevo.

    A Jugamos al baloncesto en el patio es nuevo.

    B Jugamos al baloncesto en el patio, el patio es nuevo.

    C Jugamos al baloncesto en el patio y el patio es nuevo.

    D Jugamos al baloncesto en el patio nuevo.

16 ¿Cuál es la mejor manera de combinar estas oraciones?

> Mi tía preparó galletas de avena. Mi tía dijo que podía comer algunas.

F Mi tía preparó galletas de avena y mi tía dijo que podía comer algunas.

G Mi tía preparó galletas de avena y dijo que podía comer algunas.

H Mi tía preparó galletas de avena y comí algunas.

J Mi tía preparó galletas de avena pero dijo que podía comer algunas.

17 ¿Cuál de estas oraciones es interrogativa y debe llevar signos de interrogación de apertura y de cierre?

A Hizo tu tía galletas de chocolate

B Las galletas que más me gustan son las de chocolate

C Las galletas favoritas de Ana Sofía son las de mantequilla de cacahuate

D Georgina dijo que prefería comer una manzana

18 ¿Cuál de estas oraciones es afirmativa y debe terminar con un punto?

F Cómo cocinan Miguel y Tomás

G Oh, qué desastre dejaron en la cocina

H Miguel también hornea pan y galletas

J Te parece que les pidamos a Miguel y a Tomás que cocinen para la fiesta

SIGUE ➡

Nombre _____ Fecha _____

Preguntas 19 y 20: Un estudiante escribió este párrafo. Puede que necesite correcciones. Lee el párrafo y lee cada pregunta. Rellena el círculo de la respuesta correcta en tu documento de respuestas.

(1) Mi mamá dice que las verduras de la tienda nunca están frescas. (2) Este año, decidió cultivar sus propias verduras. (3) Por supuesto, tuvimos que ayudarla. (4) Luego preparamos la tierra. (5) Primero buscamos un lugar en el jardín para el huerto. (6) Después plantamos semillas de tomate, frijoles y calabaza. (7) Dos semanas después, mi mamá se dio por vencida. (8) Las aves y las ardillas se habían comido todas las semillas. (9) Mi mamá ahora dice que tal vez las verduras de la tienda no sean tan malas después de todo.

19 ¿Qué detalle de apoyo se podría agregar después de la oración 1?

A A las ardillas también les gusta comer alpiste y toda clase de frutos secos.

B Está cansada de comprar tomates y pepinos blandos.

C A mi hermana no le gusta trabajar en el huerto.

D Regamos el huerto todos los días.

20 ¿Qué dos oraciones deben intercambiarse para organizar mejor el párrafo?

F Las oraciones 1 y 2

G Las oraciones 2 y 3

H Las oraciones 4 y 5

J Las oraciones 8 y 9

SIGUE ➡

Parte 2: Corregir y mejorar

**Preguntas 21 a 30: Lee los pasajes. Escoge la mejor forma de escribir las partes
subrayadas. Rellena el círculo de la respuesta correcta en tu documento de respuestas.**

Eugenia tiene un problema. El perrito de su amigo Franco ladra todo el día

mientras él está en la escuela. El ladrido constante enloquece a la mamá de

Eugenia y a los vecinos.

—<u>Eugenia, tú eres amiga de Franco —dijo uno de los vecinos.</u> <u>Qué perro molesto</u>
                              21   **22**

<u>tiene!</u> Lo oímos ladrar en el patio de la <u>caza</u> todo el día. ¿Podrías decirle algo?
                                          23

Eugenia no sabía qué decirle a Franco. Finalmente, decidió decirle la verdad.

Cuando Franco se enteró, <u>le</u> prometió dejar el perro adentro durante el día.
                                        24

—<u>Fácil resolver el problema.</u> De todas maneras —dijo sonriendo—, si necesita
                          25

tomar aire fresco, lo dejaré dormir afuera toda la noche.

---

21 A —Eugenia, tú eres amiga de Franco dijo
uno de los vecinos.

    B —Eugenia, tú eres amiga de Franco
—dijo unos de los vecinos—.

    C — Eugenia, tú eres amiga de Franco
— dijo uno de los vecinos —.

    D No hacer ningún cambio.

22 F ¡Qué perro molesto tiene!

    G Qué perro molesto tiene.

    H ¿Qué perro molesto tiene?

    J No hacer ningún cambio.

23 A casa

    B cása

    C cáza

    D No hacer ningún cambio.

24 F la

    G ella

    H lo

    J No hacer ningún cambio.

25 A Resolver fácil el problema.

    B Será fácil resolver el problema.

    C Fácil resuelve el problema.

    D No hacer ningún cambio.

SIGUE

Nombre _____ Fecha _____

Me gustó mucho el libro "Las aventuras de Tom Sawyer" de Mark Twain. Es
                              26

uno de mis libros favoritos y siempre tengo que contárselo a mi hermanito antes
                                                    27

de dormir. Tom vive con su tía polly y su medio hermano Sid en Mississippi! El
                          28   **29**

mejor amigo de Tom es Joe Harper. Twain dice que tienen "dos almas, pero un solo

pensamiento", lo que significa que piensan lo mismo.

Fue muy emocionante cuando Joe y Tom escaparon a una isla con Huck Finn.

Ellos lo pasan muy bien pero todos en el pueblo piensan que están muertos. ¡Tom
                         30

incluso asiste a su propio funeral!

Más tarde, Tom y Becky Thatcher se pierden en una cueva. No les diré qué

sucede. Tendrán que leer el libro ustedes mismos. Se los recomiendo.

26 F *Las aventuras de Tom Sawyer*

  G Las aventuras de Tom Sawyer

  H 'Las aventuras de Tom Sawyer'

  J No hacer ningún cambio.

29 A Mississippi:

  B Mississippi.

  C Mississippi?

  D No hacer ningún cambio.

27 A contárseló

  B contárselo

  C contarsélo

  D No hacer ningún cambio.

30 F bien; pero

  G bien, pero

  H bien. Pero

  J No hacer ningún cambio.

28 F Tía polly

  G Tía Polly

  H tía Polly

  J No hacer ningún cambio.

SIGUE

Nombre _____   Fecha _____

Parte 3: Redacción   Escritura expositiva

LEE

En el sistema decimal, los números se usan como base los múltiplos de 10: 0.10, 1.0, 10, 100, 1000, y así sucesivamente. El sistema monetario estadounidense está basado en el sistema decimal.

PIENSA

Piensa en cómo se escriben las cantidades de dinero superiores a $1. ¿Cómo se escriben las cantidades de dinero inferiores a $1? ¿Cómo le explicarías nuestro sistema monetario a una persona de otro país?

ESCRIBE

Escribe una composición expositiva en la que expliques cómo funciona el sistema monetario estadounidense.

Mientras escribes tu composición, recuerda que debes

❑ pensar en el enfoque de tu composición: cómo funciona nuestro sistema monetario

❑ organizar tus ideas en un orden lógico y conectar las ideas con transiciones

❑ desarrollar tus ideas con datos, detalles y ejemplos

❑ asegurarte de que tu composición no ocupe más de una página

Prueba de evaluación del progreso 2

Parte 1: Elementos básicos de la redacción

Preguntas 1 a 12: Lee las oraciones. Escoge la opción que muestra la mejor forma de escribir la parte subrayada. Rellena el círculo de la respuesta correcta en tu documento de respuestas.

---

1 Muchas especies de animales viven <u>en la zona de la laguna.</u>

   A a la zona de la laguna

   B hacia la zona de la laguna

   C sobre la zona de la laguna

   D No hacer ningún cambio.

2 Existen tres especies de roedores: los esciuromorfos, los miomorfos <u>pero</u> los caviomorfos.

   F y

   G ni

   H o

   J No hacer ningún cambio.

3 El conejillo de Indias <u>son</u> una especie de la familia de los caviomorfos.

   A somos

   B soy

   C es

   D No hacer ningún cambio.

4 Durante el invierno, las ardillas hibernan en nidos que <u>ellas</u> construyen.

   F ellos

   G ustedes

   H nosotros

   J No hacer ningún cambio.

5 Las ardillas <u>construien</u> los nidos con ramas y hojas.

   A construen

   B construyen

   C construllen

   D No hacer ningún cambio.

6 Los dientes delanteros de las ardillas <u>siguen creciendo</u> a lo largo de toda su vida.

   F siguen a crecer

   G siguen crecen

   H siguiendo creciendo

   J No hacer ningún cambio.

7 Cuando las ardillas saltan, su peluda cola <u>la</u> ayuda a mantener el equilibrio.

   A los

   B lo

   C las

   D No hacer ningún cambio.

8 La ardilla roja americana es <u>más pequeña</u> que la ardilla gris.

   F la más pequeña

   G muy pequeña que

   H más pequeñísima que

   J No hacer ningún cambio.

Nombre _____ Fecha _____

9 Uno de los roedores miomorfos más bonitos <u>son</u> el gerbo.

  A ser

  B es

  C fueron

  D No hacer ningún cambio.

10 Las ardillas grises <u>general comparten</u> sus guaridas y nidos invernales para mantener el calor.

  F generalmente comparten

  G muy general comparten

  H más general comparten

  J No hacer ningún cambio.

11 ¿Puede la ardilla roja americana saltar <u>más altísimo</u> que la ardilla gris?

  A alto que

  B más alto que

  C altísimo que

  D No hacer ningún cambio.

12 Las ardillas son roedores <u>astutas y resueltas</u>.

  F astuta y resuelta

  G astuto y resuelto

  H astutos y resueltos

  J No hacer ningún cambio.

SIGUE

Nombre _____ Fecha _____

13 ¿Qué detalles amplían mejor la oración y la hacen más interesante?

> Se quemó la bombilla de luz.

A Se quemó la bombilla de luz y la cambiamos.

B Tras un fuerte resplandor y un estallido repentino, se quemó la bombilla de luz.

C Cuando encendió la luz, se quemó la bombilla de luz.

D Necesita otra bombilla de luz porque la vieja se quemó.

14 ¿Cuál es la mejor manera de ampliar la oración para hacerla más interesante?

> A Mariana y a su hermana les regalaron un gatito.

F Ayer a Mariana y a su hermana les regalaron un gatito.

G Mariana y su hermana están contentas porque les regalaron un gatito.

H A Mariana le regalaron un gatito y a su hermana le regalaron un gatito.

J A Mariana y a su hermana les regalaron un dulce gatito tricolor del refugio de animales.

15 ¿Cuál es la mejor manera de combinar estas oraciones?

> Podemos ir a la tienda en autobús.
> Podemos ir a la tienda en bicicleta.

A Podemos ir a la tienda en autobús o en bicicleta.

B Podemos ir a la tienda en autobús e ir en bicicleta.

C A la tienda podemos ir en autobús o ir en bicicleta.

D Ir a la tienda en autobús o en bicicleta.

16 ¿En qué oración hay concordancia entre el pronombre y el verbo subrayados?

F <u>Alguien tienen</u> entradas para la película.

G <u>Nadie quieren</u> las entradas para la película.

H <u>Todos prefieren</u> ir al concierto.

J <u>Todos tengo</u> entradas para el concierto.

 SIGUE

17 ¿Cuál de estas oraciones es imperativa?

A Tienes tarea de ciencias.

B La tarea es para mañana.

C Haz la tarea ahora.

D Luego puedes salir a jugar.

18 ¿Cuál es la mejor manera de combinar estas oraciones?

> Nos divertimos patinando sobre hielo. Nevó todo el día.

F Nos divertimos patinando sobre hielo, pero nevó todo el día.

G Aunque nevó todo el día, nos divertimos patinando sobre hielo.

H Después de que nos divertimos patinando sobre hielo, nevó todo el día.

J Nevó todo el día antes de que nos divirtiéramos patinando sobre hielo.

Preguntas 19 y 20: Un estudiante escribió este párrafo sobre una excursión escolar al acuario. Puede que necesite cambios o correcciones. Lee el párrafo. Luego lee cada pregunta. Rellena el círculo de la respuesta correcta en tu documento de respuestas.

Una excursión escolar

(1) Ayer fui al acuario con toda la clase. (2) Vimos tiburones, calamares, peces espada y muchas especies de peces que nunca había visto. (3) Luego fuimos a una piscina al aire libre y observamos el espectáculo de tres delfines increíblemente astutos. (4) Una vez vi delfines en televisión. (5) Después entramos a otro edificio que tenía una gran piscina con olas. (6) Allí aprendimos cómo se forman las olas y por qué se producen las mareas. (7) ¡Fue una excursión sensacional!

19 ¿Qué tipo de párrafo es?

A Expositivo

B Persuasivo

C Narrativo

D Respuesta a un texto

20 ¿Qué oración debería eliminarse para mejorar el párrafo?

F La oración 1

G La oración 3

H La oración 4

J La oración 6

Parte 2: Corregir y mejorar

Preguntas 21 a 30: Lee los pasajes. Escoge la mejor forma de escribir las partes subrayadas. Rellena el círculo de la respuesta correcta en tu documento de respuestas.

Todos los años, se premia con la medalla Caldecott al artista <u>quien</u> ha ilustrado
21

el libro infantil ilustrado más destacado (famoso) de los Estados Unidos. El nombre

del premio es un homenaje a Randolph Caldecott, un gran ilustrador de libros de

finales del siglo XIX. Cuando tenía seis años, Caldecott demostró tener talento

para el dibujo. <u>Los veintiún años</u>, comenzó a estudiar en la Escuela de Arte de
22

<u>Manchester Inglaterra</u>. Caldecott ilustró <u>muchisimos</u> libros infantiles. Sin embargo,
23   **24**

su libro más conocido es <u>"La casa que Jack construyó"</u>.
                           25

21 A que

    B quienes

    C cuales

    D No hacer ningún cambio.

24 F muchísimos

    G muchísimo

    H muchisímos

    J No hacer ningún cambio.

22 F Durante los veintiún años

    G Entre los veintiún años

    H A los veintiún años

    J No hacer ningún cambio.

25 A La casa que Jack construyó

    B "La casa que Jack construyó"

    C *La casa que Jack construyó*

    D No hacer ningún cambio.

23 A manchester Inglaterra

    B Manchester, Inglaterra

    C Manchester; Inglaterra

    D No hacer ningún cambio.

SIGUE

Querida Clara:

Bueno, aquí estoy en Houston. Vine con mis padres a visitar a unos familiares.

Ayer recorrimos el <u>centro espacial johnson</u> con <u>mi primo, su sueño es ser</u>
                        26   27

<u>astronauta</u>, e hicimos una excursión por la NASA, <u>tan bien</u>. ¡Fue impresionante!
                                                      28

Este fin de semana, visitaremos el Parque Histórico Nacional <u>Lyndon B Johnson</u>.
                                                         29

Podremos ver dónde vivía el presidente Johnson. <u>No es genial?</u> Te mostraré las
                                                 30

fotografías cuando vuelva a casa el domingo.

Tu amiga,

Julieta

---

26 F Centro Espacial johnson

   G Centro Espacial Johnson

   H centro espacial Johnson

   J No hacer ningún cambio.

27 A mi primo, su sueño es ser astronauta

   B mi primo su sueño es ser astronauta

   C mi primo (su sueño es ser astronauta)

   D No hacer ningún cambio.

28 F también

   G tan bién

   H tanbien

   J No hacer ningún cambio.

29 A Lyndon B. Johnson

   B Lyndon b Johnson

   C Lyndon b. Johnson

   D No hacer ningún cambio.

30 F ¿No es genial?

   G No es genial.

   H ¡No es genial!

   J No hacer ningún cambio.

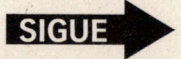
SIGUE

Parte 3: Redacción   Escritura expositiva

LEE

A estas alturas, ya has estudiado muchas especies de animales en tus clases de ciencias. Por ejemplo, sabes mucho sobre las distintas especies de aves, mamíferos, peces, reptiles y anfibios, entre otros.

PIENSA

Para comparar dos animales, explicas en qué se parecen. Para contrastarlos, explicas en qué se diferencian.

ESCRIBE

Escribe una composición expositiva en la que compares y contrastes dos animales.

Mientras escribes tu composición, recuerda que debes

❏ comparar y contrastar dos animales

❏ organizar tus ideas en un orden lógico y conectar las ideas con transiciones

❏ desarrollar tus ideas con datos, detalles y ejemplos

❏ asegurarte de que tu composición no ocupe más de una página

ALTO

Prueba posterior

Parte 1: Elementos básicos de la redacción

Preguntas 1 a 12: Lee las oraciones. Escoge la opción que muestra la mejor forma de escribir la parte subrayada. Rellena el círculo de la respuesta correcta en tu documento de respuestas.

1 Todos mis amigos <u>desea</u> que lleguen las vacaciones de verano.

   A deseo

   B desean

   C deseamos

   D No hacer ningún cambio.

2 A casi todas las familias de mis amigos <u>nos</u> gusta visitar los parques nacionales.

   F le

   G les

   H me

   J No hacer ningún cambio.

3 Verónica <u>ha escribido</u> un ensayo sobre su visita al Parque Nacional de Yellowstone.

   A ha escrito

   B han escrito

   C han escribido

   D No hacer ningún cambio.

4 Sara irá a España y <u>esa</u> la pone muy feliz.

   F ella

   G eso

   H ese

   J No hacer ningún cambio.

5 De todos los viajes que hemos hecho, este es el <u>más buenísimo</u>.

   A buenísimo

   B más mejor

   C mejor

   D No hacer ningún cambio.

6 El Gran Cañón era <u>el más profundo</u> de lo que había imaginado.

   F más profundo

   G profundísimo

   H muy profundo

   J No hacer ningún cambio.

7 Las vacaciones en la montaña son divertidas, <u>así que</u> las excursiones pueden ser agotadoras.

   A pero

   B si

   C pues

   D No hacer ningún cambio.

8 Juan dice que uno de sus lugares favoritos <u>son</u> Georgia.

   F ser

   G es

   H eran

   J No hacer ningún cambio.

SIGUE

Nombre _____ Fecha _____

9 Quedé <u>completa asombrada</u> con el color azul del golfo de México.

A completo asombro

B completamente asombroso

C completamente asombrada

D No hacer ningún cambio.

10 Si <u>viviría</u> más cerca, iría a la escuela en bicicleta.

F vivo

G viviera

H vivía

J No hacer ningún cambio.

11 El Sr. García pasó dos semanas <u>en el desierto</u>.

A desde el desierto

B durante el desierto

C hasta el desierto

D No hacer ningún cambio.

12 Esperanza viaja <u>más seguido de</u> Alan.

F muy seguido que

G más seguido que

H seguidísimo que

J No hacer ningún cambio.

Preguntas 13 a 18: Lee las preguntas y rellena el círculo de la respuesta correcta en tu documento de respuestas.

---

13 ¿Qué sustantivo describe las palabras subrayadas en la siguiente oración?

> Carlos tiene <u>treinta monedas especiales</u>.

A conjunto

B colección

C grupo

D manojo

14 ¿Cuál de estas oraciones es una oración seguida que debe escribirse en dos oraciones?

F Tenemos que reciclar más los residuos, la contaminación afecta nuestro medio ambiente.

G Reciclamos solo el 14.1% de nuestros residuos.

H Quemamos el 15.2% de la basura y acumulamos toneladas en enormes pilas.

J Lamentablemente, el 70.7% termina en vertederos.

15 ¿Cuál es la mejor manera de combinar estas oraciones?

> Neil Armstrong se convirtió en el primer hombre en pisar la Luna.
>
> Pisó la Luna el 20 de julio de 1969.

A Neil Armstrong el primer hombre en pisar la Luna el 20 de julio de 1969.

B El 20 de julio de 1969 Neil Armstrong se convirtió en el primer hombre en pisar la Luna.

C El 20 de julio de 1969 Neil Armstrong pisó primero la Luna.

D Neil Armstrong el 20 de julio de 1969 el primer hombre en pisar la Luna.

SIGUE

Nombre _____ Fecha _____

16 ¿Cuál es la mejor manera de combinar estas oraciones?

> Lincoln fue el decimosexto presidente de los Estados Unidos. Fue casi un autodidacta.

F Lincoln, el decimosexto presidente de los Estados Unidos, fue casi un autodidacta.

G Casi un autodidacta, el decimosexto presidente de los Estados Unidos fue Lincoln.

H El autodidacta Lincoln fue el decimosexto presidente de los Estados Unidos.

J Lincoln fue un autodidacta y fue el decimosexto presidente de los Estados Unidos.

17 ¿Cuál de estas oraciones es afirmativa y debe terminar con un punto?

A Cuándo se escogió a Lincoln como presidente

B Has leído alguno de sus discursos alguna vez

C Lee el discurso ahora mismo

D Su discurso más famoso es el Discurso de Gettysburg

18 ¿Cuál de estas oraciones es interrogativa y debe llevar signos de interrogación de apertura y de cierre?

F A qué hora comienza el concierto

G Le pregunté a Andrea si quería ir al concierto

H Andrea está ocupada y no podrá ir

J El concierto comienza a las ocho de la noche

Preguntas 19 y 20: Un estudiante escribió este párrafo sobre el incendio de la fábrica Triangle Shirtwaist. Puede que necesite cambios o correcciones. Lee el párrafo. Luego lee y cada pregunta. Rellena el círculo de la respuesta correcta en tu documento de respuestas.

El incendio de la fábrica Triangle Shirtwaist

El 25 de marzo de 1911, hubo un incendio en la fábrica de blusas para mujeres Triangle Shirtwaist en la ciudad de New York. Nadie sabe cómo comenzó el incendio, pero se propagó rápidamente. Los trabajadores corrieron hacia la escalera de incendios, pero esta se derrumbó. Intentaron usar las puertas, pero los dueños las habían cerrado con llave. Al menos 146 personas murieron en el incendio, principalemente mujeres y niños. Las autoridades debieron crear estrictas leyes de seguridad contra incendios.

19 ¿Qué tipo de párrafo es?

A Narrativo

B Expositivo

C Persuasivo

D Respuesta a un texto

20 ¿Qué oración con detalles podría agregarse mejor antes de la última oración?

F La población comenzó a preocuparse por la seguridad de los trabajadores.

G Las puertas se cerraban con llave para que los trabajadores no robaran.

H Una chispa de una máquina de coser pudo haber provocado el incendio.

J Los trabajadores del noveno piso no sabían que había un incendio.

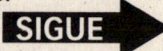

SIGUE

Parte 2: Corregir y mejorar

Preguntas 21 a 30: Lee los pasajes. Escoge la mejor forma de escribir las partes subrayadas. Rellena el círculo de la respuesta correcta en tu documento de respuestas.

Una forma de lograr una redacción más <u>emocionánte</u> es a través de los
21

<u>símiles?</u> Un símil es una figura retórica que compara dos cosas mediante la
22

palabra como. Por ejemplo, puedes escribir: "Las ramas del árbol golpeaban mi

ventana". Pero para agregar imágenes a la redacción, puedes intentar lo siguiente:

"Las ramas golpeaban mi ventana como dedos huesudos". Al famoso boxeador

Muhammad Ali le gustaba usar símiles para describir la forma en que <u>él</u> peleaba en
23

el cuadrilátero. Una vez dijo: <u>"Vuelo como una mariposa, pico como una abeja."</u> Las
24

redacciones son más interesantes cuando <u>ay</u> imágenes en ellas.
25

---

21 A emociónante

    B émocionante

    C emocionante

    D No hacer ningún cambio.

22 F símiles!

    G símiles.

    H símiles,

    J No hacer ningún cambio.

23 A le

    B lo

    C nos

    D No hacer ningún cambio.

24 F "Vuelo como una mariposa; pico como una abeja".

    G 'Vuelo como una mariposa, pico como una abeja'.

    H "Vuelo como una mariposa, pico como una abeja".

    J No hacer ningún cambio.

25 A ahí

    B hay

    C hai

    D No hacer ningún cambio.

SIGUE ➡

Nombre _____ Fecha _____

Calle 33 Norte N.º 401
Puebla (C. P. 72960), México
14 de febrero de 2011

Presidente Rubén Cabral
Cía. Súper Granola
Casilla 245

<u>México Distrito Federal</u> (C. P. 03820)
26

Estimado <u>Sr. Cabral:</u>
27

Siempre he sido uno de sus clientes más fieles y me encanta su granola. Sin

embargo, hoy tengo una queja. El paquete decía que contenía pasas, almendras y

pedacitos de chocolate, pero lamentablemente no había <u>"ni una"</u> almendra. El resto
28

de la granola estaba bien.

No se imagina mi desilusión. Sé que <u>cía. súper Granola</u> es una empresa que
29

ha estado en el mercado durante muchos <u>años pero</u> lo pensaré dos veces antes de
30

volver a comprar uno de sus productos.

Atentamente,
Luz Helguera

26 F México D.F.

  G México DF

  H México D. F.

  J No hacer ningún cambio.

27 A sr. cabral:

  B Sr. cabral:

  C sr. Cabral:

  D No hacer ningún cambio.

28 F NI UNA

  G *ni una*

  H **ni una**

  J No hacer ningún cambio.

29 A cía. súper granola

  B cía. Súper Granola

  C Cía. Súper Granola

  D No hacer ningún cambio.

30 F años; pero

  G años, pero

  H años: pero

  J No hacer ningún cambio.

SIGUE ➡

Nombre _____ Fecha _____

Parte 3: Redacción Escritura narrativa

LEE

Todos los días, realizas cientos –quizás miles–, de acciones. La mayoría de ellas son comunes, por lo que no las recuerdas durante mucho tiempo, si es que lo haces. Hasta puedes olvidarte completamente de ellas. Sin embargo, algunas cosas te quedan grabadas en la mente. Esos eventos memorables se quedarán contigo durante muchos años, quizás toda tu vida.

PIENSA

Piensa en algo que hayas hecho últimamente que recordarás para siempre.

Piensa en qué hizo que la experiencia fuera inolvidable. Luego piensa en los eventos que conformaron la experiencia.

ESCRIBE

Escribe una composición narrativa en la que relates algo que hayas hecho que recordarás para siempre.

Mientras escribes tu composición, recuerda que debes

❑ enfocarte en un sola experiencia: algo que hayas hecho que recordarás para siempre

❑ organizar tus ideas en un orden lógico y conectar las ideas con transiciones

❑ desarrollar tus ideas con detalles específicos

❑ asegurarte de que tu composición no ocupe más de una página

ALTO